A PO-ÉTICA NA CLÍNICA CONTEMPORÂNEA

Gilberto Safra

A PO-ÉTICA NA CLÍNICA CONTEMPORÂNEA

© Ideias & Letras, 2022
9ª reimpressão

Diretores editoriais: Carlos Silva
Ferdinando Mancílio
Editores: Avelino Grassi
Roberto Girola

Coleção dirigida por: Táles A. M. Ab'Sáber
Noemi Moritz Kon
Roberto Girola

Coordenação editorial: Elizabeth dos Santos Reis
Projeto gráfico e editoração: Sergio Kon
Capa: Sergio Kon, *a partir de Improvisação 19, de Kandinsky*

Dados Internacionais de Catalogação na Publicação (CIP) de acordo com o ISBD

A po-ética na clínica contemporânea/ Gilberto **Safra**.
- Aparecida, SP : Ideias & Letras, 2004. - (Coleção Psicanálise século I)

Bibliografia.
ISBN 85-98239-14-3

1. Estética 2. Ética psicoterápica 3. Psicanálise-Aspectos morais e éticos
4. Psicologia clínica II. Título II. Série.

04-2195　　　　　　　　　　　　　　　　　　　　　　　CDD-150.195

Indice para catálogo sistemático:
1. Psicanálise : Prática clínica : Perspectivas éticas　　　150.195

EDITORA
IDEIAS&
LETRAS

Avenida São Gabriel, 495
Conjunto 42 – 4º andar
Jardim Paulista – São Paulo/SP
Cep: 01435-001
Televendas: 0800 777 6004
vendas@ideiaseletras.com.br
www.ideiaseletras.com.br

Aos meus avós e pais.

*A aparência se adere ao Ser,
somente a dor pode arrancá-lo da aparência.
Os opostos não são o prazer e a dor, mas sim
suas respectivas espécies. Existe um prazer e uma
dor infernais, um prazer e uma dor curativos,
prazer e dor celestes*

Simone Weil, Cuadernos.

SUMÁRIO

Prefácio
GILBERTO SAFRA: RUMO À COMUNIDADE HUMANA, 11
Apresentação, 21
Introdução, 23

Capítulo I
O CONCEITO DE *SOBÓRNOST*, 39

Capítulo II
A CRIATIVIDADE, 53

Capítulo III
O TEMPO E O GESTO CRIATIVO, 75

Capítulo IV
OS OBJETOS E AS COISAS, 87

Capítulo V
O GESTO EM *SOBÓRNOST*, 103

Capítulo VI
O IDIOMA PESSOAL, 115

Capítulo VII
O SOFRIMENTO HUMANO E AS FRATURAS ÉTICAS, 127

Capítulo VIII
A ÉTICA DA SITUAÇÃO CLÍNICA, 145

Referências Bibliográficas, 151

Prefácio
GILBERTO SAFRA:
RUMO À COMUNIDADE HUMANA

Tales A. M. Ab'Sáber

Certa vez eu tive de levar algum material de minha tese para Gilberto Safra. Ele me convidou a entrar e eu pude ver parte de seu amplo interesse por objetos de todo o mundo, particularmente por ícones russos, que tomavam sua casa, em uma espécie de museu de tudo do humano. Aqueles objetos, órgãos de fole de outro tempo ou móveis, vasos e quadros, anjos e os velhos brinquedos do consultório, compunham um ambiente humano que tinha algo das antigas casas de avós, um mundo de um refinamento cultural simples, belo e disponível, que, apesar do requinte de certas peças, não aparecia como estranho ou artificial. Era um lugar humano em que nos sentíamos protegidos e donos de uma curiosidade fresca e infantil.

Ao subirmos a escada para vermos o belo consultório, eu me deparei com um grande quadro. Era uma Maria olhando de modo encantado para seu pequeno menino. Tratava-se de um ícone mais antigo que os demais, e também maior. Seus traços eram suaves e extremamente humanistas, lembrando o renascimento claro e linear de um Botticelli. Ficamos por algum tempo admirando o objeto sagrado antes de adentrarmos o consultório, não menos interessante.

É digno de nota como esse registro do sagrado – localizado por Gilberto Safra, derivado de Winnicott – revela sua presença no mundo humano, emergindo das coisas, das situações e dos encontros, em uma espécie de imanência, que simplesmente partilha da vida e a anima, exatamente ali onde ela está, na coisa.

Depois de conversarmos um pouco sobre a graça dos brinquedos especiais que compunham o consultório, que na verdade constitui a casa inteira, eu me fui. No caminho para casa me sentia muito leve e tranquilo. Lá pelas tantas voltei a pensar em Gilberto. Então ocorreu algo incomum: lembrei-me do grande ícone no alto da escada, *e a lembrança do objeto era a lembrança de um sonho.*

Em cerca de meia hora o objeto havia penetrado tão profundamente em mim, que evocá-lo era o mesmo que lembrar de alguma coisa que eu havia sonhado. É muito interessante como a lembrança de um sonho tem textura, luz e espaço diferentes da lembrança de um acontecimento vivido na vida desperta. O sonho tem um brilho e um cintilar especial, ao mesmo tempo em que seus objetos e cenas parecem habitar um lugar mais profundo em nosso corpo, por vezes fora da cabeça que lembra, indicando o corpo como morada e espaço anímico. A matéria lembrada de um sonho pode aparecer na cabeça maspode ser pensada em uma intimidade corpórea mais funda do que as lembranças mais secas e mentais provenientes da vida de vigília.

Comentando com Olgária Matos o fenômeno do quadro que virara sonho, e que falava em mim desde meu mundo de sonhos, ela observou que ele se tornara inconsciente, emergia desde o inconsciente, como os sonhos, tendo sido encontrado na presença mais plana da vida consciente. Era uma ótima nova descrição para a lógica especial dos fenômenos transicionais. Aí estava também demonstrado, através da experiência, que é o que verdadeiramente importa em psicanálise, tudo o que eu trabalhara arduamente para comunicar e dar a luz em meu livro sobre o sonhar na psicanálise contemporânea. Muitas vezes diante de Gilberto Safra eu tinha a experiência que Winnicott comunicou que sentia diante de Melanie Klein: Ela já sabia aquilo que arduamente ele conquis-

Prefácio

tava para si mesmo. Mas Gilberto Safra nunca enunciou este saber antes que eu mesmo chegasse a ele. Então eu simplesmente percebia, que há muito tempo, ele também já havia passado por lá.

Há quinze anos acompanho Gilberto Safra a uma certa distância, o que me permitiu conhecer a transformação mais radical da sua obra e o que ela tem representado para a psicanálise brasileira. Quando o encontrei – num primeiro momento como seu aluno –, Gilberto acabara de fazer o seu primeiro grande estudo a respeito da obra e do analista Winnicott. Ainda era possível reconhecer traços de sua formação inicial: os quinze primeiros anos de sua vida de analista – com a incorporação radical do pensamento freudiano e kleiniano – e sua análise bioninana, bastante paulistana.

Tudo nele estava, como sempre, voltado para o encontro clínico e os acontecimentos da sua clínica psicanalítica constantemente trazidos eram surpreendentes e encorajavam a pesquisa e a evolução pessoal de seus alunos.

Em poucos anos, aqueles que separam a publicação de seu primeiro livro, *Momentos mutativos em psicanálise*, do segundo, *A face estética do self*, deu-se, no analista Gilberto Safra, uma mudança profunda, que pode ser percebida ao compararmos os dois trabalhos.

O primeiro, um livro muito útil para analistas que querem aprender as condições para estar no consultório, trazia de modo sistemático a referência de toda a psicanálise do século, principalmente em seu registro de técnica clínica, com referências mais amplas a analistas como Freud, Ferenczi, Reik, Kris, Klein, Heimann, Rosenfeld, Money-Kyrle, Fairbairn, Racker, Balint, Bleger, Grinberg, Dolto, Lagache, Bion, Green, além de Milner, Little, Khan, e, evidentemente, o grande mar a ser navegado, Winnicott.

O que há de verdadeiramente digno de nota nesse trabalho é o uso específico que Safra fez da grande massa da tradição psicanalítica que o antecede. Em geral suas escolhas teóricas são essencialmente de caráter clínico e os problemas psicanalíticos que elas evocam estão em grande parte contidos no interior da noção essencial de transferência, com sua contrapartida necessária, e que foi uma conquista histórica nada desprezível da disciplina, a contratransferência. O livro parece ser mesmo um balanço da clínica da transferência/contratransferência no século da psicanálise, o que, em psicanálise é um ponto essencial:oda clínica psicanalítica se dá no interior da noção de transferência, e a transferência é mesmo grande parte da clínica psicanalítica. Tal posição faz com que Gilberto Safra evite o registro metapsicológico abstrato, fonte de desvios exemplares para a vida clínica psicanalítica, e se dedique a compreender os efeitos vivos da produção de sentido no coração do encontro.

Da massa de problemas clínicos e conceituais que atravessaram *o século da transferência psicanalítica*, e desde uma leitura acurada e profunda das noções dos campos potenciais e criativos de Winnicott, Safra formula a interessante noção produtiva, psíquica, de *momentos mutativos em psicanálise*. Estes seriam momentos do trabalho analítico de grande síntese produtiva de sentido ou experiência emocional, em que o paciente recolheria o problema de sua existência, de seus dilemas e de seus horizontes desejantes, para reposicionar amplamente o sentido de sua experiência humana. Produto psíquico na esfera dos fenômenos transicionais, fundado sobre o mais fundo solo afetivo do psiquismo, os momentos mutativos implicavam em uma sutil conquista da verdade do *self*, capaz de operar toda a integração de matérias psíquicas e sentidos existenciais que lhes são próprios. O sujeito parece espelhar-se a si mesmo, como operador e criador de seu destino emocional, do qual agora tomou posse, através do longo processo de mediações específicas da análise. Não é por acaso que, para meu grande interesse, em algum momento do livro Gilberto Safra aproxima os acontecimentos sintetizadores de *self e pensamento* próprios aos momentos mutativos das sínteses estruturadoras do sujeito de Hegel.

Por outro lado, o saldo deste primeiro livro de Gilberto é uma acurada leitura da obra de Winnicott, que abre o espaço das abstrações teorizantes da metapsicologia psicanalítica tradicional aos campos eficazes de subjetivação, à condição potencial do espaço tranferencial e considera o sujeito como produtor de tais potências. Ao mesmo tempo, ao lermos o livro, percebemos claramente como a massa analítica anterior à revolução winnicottiana de Safra – os analistas que citei acima – costuma aparecer em suas páginas de forma desencantada, técnica e instrumental. Definitivamente, com esse tipo de jogo teórico, de referência meramente indicativa, apenas para a comprovação da inscrição pessoal do pesquisador na matéria da ciência, o analista não se sentia em casa.

O rumo da própria morada conceitual, de sua terra mais verdadeira, equivalente ao que já criara com seu próprio consultório, Gilberto Safra se tomaria com seu segundo livro, *A face estética do self*, o primeiro representante da passagem mutativa humana vivida pelo próprio analista.

A Face Estética já impressiona muito pela posição inicial do livro: há alguma homologia de forma entre a fragmentação radicalmente alienante, que esvazia os sujeitos do desejo, de nosso tempo desumano, e algo da própria fragmentação dos conteúdos propostos pelos raciocínios clínicos psicanalíticos tradicionais. Existem aqui, agora, ecos poderosos de Ferenczi, Winnicott e Khan, totalmente incorporados ao discurso pessoal do analista brasileiro. Deste modo, no trabalho teórico de Safra, a crítica à forma interna do processo analítico e sua razão, baseada na fragmentação do sujeito do desejo, que precisa localizar as suas "partes" em contradição, corresponde à crítica de nosso tempo histórico, que cria sujeitos incapazes mesmo de desejar, porque não inteiramente constituídos nas potências humanas.

Aquilo que é da ordem da teoria e da clínica psicanalítica se vê amplamente lançado naquilo que é da ordem da vida psíquica de nosso tempo, e seu segredo, o processo psicopatológico específico de um mundo que é o nosso. Gilberto Safra alcança a dimensão cultural ampla que todo raciocínio humano da psicanálise acaba por conhecer, o seu específico componente dialético. O livro já aponta para a ampla morada humana e suas condições, em um processo em que *crítica e clínica,* como dizia Deleuze, não se distinguem mais.

A sensibilidade radical para as formas da época e sua fetichização em formas teóricas no interior da disciplina psicanalítica é correspondente à radicalidade do analista em alcançar as formas e potências estéticas específicas e outras, necessárias aos seus pacientes, em um processo de vertiginosa mudança de vértices desde o mundo regulado pela consciência ou apenas pelo inconsciente pulsional. Gilberto nos ensina a prestar atenção ao espaço-tempo, aos objetos e às matérias *encantatórias* da constituição do *self* humano, em uma clínica que é da produção do sentido, e de seus múltiplos deslocamentos no campo do humano, e não aquela da crítica estrita do sujeito do desejo, pouco presente hoje. Podemos lembrar aqui o momento de júbilo e de humanização possível quando um menininho autista é localizado no ritmo de seus *fonemas* sem sentido na aparência, e então se abre imediatamente um campo de jogo com o analista, permitindo o desabrochar de um mundo, que estava lá para ser encontrado.

Prefácio

O encantamento estético e o júbilo de ser encontrado é o prêmio ao analista que, após muito tempo, soube desenraizar-se para habitar a terra do outro, e então convidá-lo a algum espaço de comunidade humana. Este é o grande movimento de Gilberto Safra.

Chegamos agora, necessariamente à *Sobórnost*, deste terceiro e verdadeiramente espantoso livro, *A po-ética do self*. Livro inteiramente dedicado à radicalidade das potências poéticas e éticas da emergência do humano. Aqui, parece não haver mais traço das dinâmicas históricas da psicanálise que traduzem o humano e seu acontecer em forças e formas não humanas. O que interessa agora a Gilberto, mais do que nunca, é como pensar em profundidade e extensão uma clínica da emergência do sentido, uma clínica do acontecer humano naquilo que nos seria essencial, uma clínica da humanização do que foi levado tão longe no próprio processo de alienação, interna e exterior. O vínculo com a crítica do tempo e da cultura continua pulsando unitário ao oferecimento de sentido que a clínica deve operar, em oposição ao desenraizamento do humano, que é mesmo a forma desta nossa época sem *sobórnost*.

A conquista de Winnicott – como se aproximar do outro de modo a permitir que ele aconteça na própria humanidade – é elevada ao sentido humanizador de uma matéria cultural e ontológica que nos falta amplamente, a *sobórnost* dos humanistas existenciais russos, Gilberto parece, na sua deriva para além dos horizontes de toda psicanálise clássica, alcançar uma terra mãe ético-poética, a sua Rússia da inquietação humana, que pode reorientar amplamente o nosso fazer clínico atual. Eu não vou antecipar nem fragmentar a riqueza do texto que se seguirá, mas desde já posso apontar que *sobórnost* aparece aqui como a condição para o advir do humano, em uma perspectiva coletiva, em que eu e o outro estamos conectados em um destino comum, o do sentido da experiência humana. Nas palavras mais radicais de Gilberto : "O primeiro ponto importante na compreensão desta perspectiva é que ela abole a concepção de indivíduo, como nós a conhecemos. A noção de indivíduo leva frequentemente a uma compreensão do ser humano como ontológicamente isolado dos demais. *Compreender o ser humano como a singularização da vida de muitos implica em dizer que cada ser humano é a singularização da vida de seus ancestrais e é o pressentimento daqueles que virão.*"

Temos aqui uma matéria humana muito densa e trabalhada, que tem a qualidade de inverter mesmo nosso modelo dominante do que é o humano, e que se desdobra em uma infinidade de temas – da hiper-realidade da sexualidade tornada mascaramento da condição humana na cultura e na psicanálise, aos fundamentos de uma ética humana que tem profundidade no tempo, no espaço e no *sel*; do campo de forças transgeracionaisl colocadas já no nascimento de uma criança, ao sentido da cerimônia que atravessa tempo espaço e geração e posiciona a experiência humana em uma poética dos horizontes ontológicos e teológicos de cada um, e do todo. Trata-se de uma tapeçaria rica de nossa mútua dependência e dependência das formas do acontecer em nossa comunidade humana que nos antecede, como a teia da aranha de Juliano Pessanha, Gilberto Safra emancipou-se da psicanálise entendida como ciência e mecânica, para evocá-la como poesia e produção das formas que dão vida à experiência das suas condições. Agora o homem é um produtor, um criador no tempo e espaço de sua passagem pelo humano, amplamente responsável e marcado por seus limites a serem localizados, definido por um campo ético que o antecede e no qual ele deve adentrar, a articulação de sua ontologia com sua específica teologia. Agora somos cam-

Prefácio

po de forças de possibilidades de sentido, emergindo mesmo no horizonte da vida humana que nos antecede e visita, responsáveis e marcados por ela e suas qualidades, para deixar a pequena marca de nossa passagem em nossa *sobórnost*. Assim talvez Gilberto Safra considere a si mesmo nesta sua po-ética.

O efeito desta leitura – que aproxima a psicanálise dos processos radicais do sentido marcados por uma ética necessária, que os configura, e de onde eles devem emergir, não por uma abstração universalizante de formas parciais da vida psíquica a serem dominadas ou jogadas – é muito grande, e pode lançar um poderoso debate no campo psicanalítico contemporâneo. Conhecendo o radical desencantamento e a impossibilidade de confiança no sentido desinteressado, livre e vivo da experiência humana, que toma os consultórios hoje, eu acredito que Gilberto Safra está certo em suas posições verdadeiramente radicais, que apontam para a necessidade de antes de tudo recompormos o sentido de nossa morada. Desta perspectiva psicanalítica há uma matéria anterior do sentido, de caráter po-ético, que deve ser sustentada *a priori*, como vértice fundamental, antes de qualquer acontecimento que possa ser lido pela análise.

Um ponto que, me parece, mereceria ser mais bem explorado nessa impressionante construção – das maiores que eu pude conhecer em psicanálise – é a pouca ênfase dada à *necessária crítica à falência de toda* sobórnost *em nosso tempo*, ou seja, ao fato de que nos construímos na negatividade ao apontarmos o limite material e desumanizador de nosso mundo, ao acatar o seu segredo e a sua regra. Essa crítica, que acredito fazer parte da constituição da experiência do si-mesmo – ser uma de suas poéticas –, está presente no livro pela própria questão de diferenciação po-ética em relação à nossa cultura mortífera, e pela afirmação da comunidade no indivíduo, mas, para o meu desejo, está pouco trabalhada na potente vertente materialista de nossa condição desgraçada. Em minha própria clínica, os miseráveis sem mundo de nossa época se equilibram um tanto e podem mesmo sobreviver, quando reconhecem a própria natureza desumanizadora do tempo, e como ela funciona. Nessa razão negativa, dolorosa, eles já se encontram em outro lugar, em busca de nossa possível sustentação para o *ethos* humano, de nossa *sobórnost*.

Mas isto é apenas uma pequena contribuição no grande trabalho de convocação humanística da psicanálise de Gilberto Safra.

APRESENTAÇÃO

O ser humano é, continuamente, afetado pelos acontecimentos no mundo. As transformações socioculturais e seus efeitos na estética, na ética, nas relações entre os homens acarretam novos modos de subjetivação e novas formas de sofrimento. Testemunhamos em nossos consultórios, ao longo dos anos, situações inusitadas, que colocam em questão nossas teorias e nossa prática clínica. Para fazer frente a essas questões e sermos fiéis a nossa vocação de clínicos, temos de nos posicionar como eternos aprendizes. O inédito e o singular visitam a cada dia nossos consultórios, ensinando-nos novas maneiras de caminhar em direção à revelação da condição humana.

Nos últimos anos, tenho observado em minha prática clínica a necessidade profunda de assentar meu trabalho sobre aqueles que me parecem ser os fundamentos da constituição do si mesmo no homem, para poder acompanhar meus pacientes de maneira mais adequada a suas necessidades. Eles têm me ensinado muito sobre o lugar da estética, da ética e do sagrado na vida humana.

Procurei, em trabalho anterior[1], apresentar a clínica pelo vértice da estética. Neste livro busco abordar a prática analítica pela perspectiva da ética e pretendo em trabalho futuro abordá-la pelo ângulo do sagrado.

---

1. G. Safra, *A face estética do self*, São Paulo, Unimarco, 1999.

Ao trazer a situação clínica por meio da ética revelo, ao mesmo tempo, quais são os princípios fundamentais que orientam minha prática como analista. Dessa forma, acredito que aquilo que tentei abordar em meu trabalho sobre estética será melhor compreendido a partir dos capítulos que serão apresentados ao longo deste livro.

Como afirmo nas próximas páginas, não somos seres isolados, vivemos em comunidade. Como não poderia deixar de ser, muitas pessoas favoreceram, com suas presenças, o aparecimento deste texto. Quero agradecer a meus pacientes, que têm sido meus mestres, aos queridos colegas do LET (Laboratório de Estudos da Transicionalidade) os encontros fecundos e solidários, à equipe de produção de vídeos (Ilana Novinsky, Irmgard B. de Matos Ferreira, Kleber D. Barretto, Sonia Novinsky e Vera Marinho), a todos aqueles que deram parte de seu tempo gravando e transcrevendo aulas. Quero agradecer de maneira especial a Bia Mazzolini, Kleber Duarte Barretto, Melany Schwartz Copit, Virgínia Chamusca e Walter Moure a generosidade na leitura dos originais e as preciosas sugestões.

INTRODUÇÃO

Por *que você deixou eu nascer?* Tristemente perguntou Mário, menino de quatro anos, a sua mãe. Ele era um garoto desalojado, desencontrado dos amiguinhos, impossibilitado de brincar.

Na situação clínica, em sua primeira sessão pegou uma bacia cheia de água, jogou nela um soldadinho de plástico e, mexendo com o lápis, fez a água girar e com ela o soldadinho. Redemoinho de angústia.

Olhando, dolorosa e fixamente, para o terapeuta, disse com voz sussurrante e longínqua: — *Socorro! Socorro!* A demanda era contundente! O que fazer? O que dizer? Testemunhar só não bastava.

Munindo-se de um outro soldadinho, o terapeuta dirigiu-se para o redemoinho a fim de ir ao encontro do agoniado "soldado-menino". Mário acompanhava esses movimentos atentamente. O "soldadinho-terapeuta" chegou à borda da "bacia-angústia". Mário, rapidamente, pegou o soldado visitante e lançou-o para dentro do redemoinho. O pedido se apresentou: — *Socorro! Socorro!*

Os dois soldadinhos giravam no redemoinho de angústia. É preciso algo mais. O quê?

Mário veio salvar o terapeuta agonizante com um olhar que pousou sobre um pedaço de madeira. Um novo soldadinho avançou com a madeira nos braços em direção aos outros dois que se debatiam na turbulência implacável.

A madeira em contato com a água transformou-se em uma balsa. Frágil, mas salvadora.

Esse menino desvelava com seu terapeuta o que necessitava, o que precisava ser estabelecido para que uma viagem pela existência fosse possível. Nascer? Só com uma balsa! Ele mostrava com precisão as dimensões de seu sofrimento e a maneira pela qual o outro poderia ir a seu encontro para auxiliá-lo a atravessar o impasse no qual se encontrava. Como surge tal conhecimento?

Situações, como a descrita, surgem sempre no dia a dia do trabalho clínico. Pacientes de diferentes idades desvelam, frente a seu analista, um conhecimento a respeito de si que parece brotar da angústia mesma. Ela, a angústia, revela as dimensões do sofrimento e da fragilidade humana. Não é um conhecimento que vem de uma aprendizagem ou pedagogia, mas sim do próprio fato de o ser humano ser lançado em meio à existência na busca das condições que possibilitem seu alojamento, mesmo que precário, no mundo com os outros.

Partindo da solidão essencial[1], o ser humano entra no mundo na condição de exilado surpreendido, acolhido no abraço e no olhar de alguém para que um lugar se estabeleça e um iniciar-se possa acontecer. Esse é um lugar que se constitui no horizonte da existência, onde se preserva a fronteira de mundos e de possibilidades de estar.

O homem se encontra na fragilidade do entre: *entre o dito e o indizível, entre o desvelar e o ocultar, entre o singular e o múltiplo, entre o encontro e a solidão, entre o claro e o escuro, entre o finito e o infinito, entre o viver e o morrer.*

---

1. O conceito de "solidão essencial" assinala que há em cada ser humano um cerne que jamais chega à comunicação, sendo a solidão o ponto de partida do acontecer humano.

Refiro-me ao *dizer* como a possibilidade de o ser humano, por meio da fala, desvelar quem é e o que vive. O dizer ao revelar também vela. O viver humano não pode ser plenamente dito; entre o dizer e o indizível emerge o falar poético. No fluir da situação clínica testemunha-se o aparecimento da possibilidade desse falar poético, em que a palavra não se fecha, mas se abre para o não dito.

A visibilidade é necessária ao ser humano, porém de modo que não se percam o mistério, o segredo, o ser, por um olhar aprisionante e onisciente. Ser encontrado, mas não ser devorado.

Poderíamos afirmar que o ser humano é a singularização de toda a história da humanidade. Cada pessoa é única e múltipla, pois ao mesmo tempo em que se individualiza, o faz presentificando seus ancestrais e aqueles com quem compartilha sua existência.

É preciso encontrar o outro, mas é fundamental o retorno à solidão. É preciso chegar e ir-se, alcançar e recolher. Viver para morrer.

A queda plena no indizível, no oculto, na solidão, no escuro, leva o indivíduo às agonias impensáveis, ao sofrimento sem morte, ao fora absoluto que o torna andarilho sem sombra. Por outro lado, o deslizamento para o dito, para o desvelamento, para o mundo, para o claro, leva-o ao encarceramento na imanência e à morte em coisa. É a agonia do totalmente pensado.

A travessia pela vida é feita por uma linha estreita somente possível pela presença do outro que porta historicamente o atravessamento das questões da existência humana. Digo atravessamento porque para essas questões não há solução, só passagem.

Na situação clínica, somos frequentemente surpreendidos pela formulação das grandes questões humanas feitas por pacientes, mesmo com pouca idade. Certa vez, uma menina de cinco anos conversava com seu analista sobre seus medos: medo de ladrão, de fantasma, da morte dos pais etc. ... Referiu-se a seu medo maior: entrar no quarto escuro, pois lá poderia haver um ladrão escondido.

De repente, ficou em silêncio e disse: — *Não, não é isso... o ladrão fui eu que inventei, eu tenho* medo puro. *É mais fácil ter medo de ladrão do que medo puro.* É o temor da queda no escuro, no nada.

Nascer é ser atravessado pelas questões e pelo mistério da existência; é conhecer a posição humana e as condições necessárias à instalação de si no mundo com outros. É um conhecimento assentado no surgimento mesmo do acontecer humano.

A impossibilidade do acontecer humano, pelo excesso de claridade ou de escuridão, leva o indivíduo a um sofrimento sem entorno e, portanto, enlouquecedor. Temos, então, uma situação em que o sofrimento sem espaço e sem tempo emerge pelo esgarçamento da própria condição humana. Não se trata simplesmente de um "problema psíquico" ou de "um conflito pulsional", mas de algo que se refere à ontologia do existir humano.

O encontro da balsa que possibilita habitar o mundo, ou sua ausência dá ao indivíduo um conhecimento não aprendido, não pensado, que é uma possibilidade *ética*. O percurso do indivíduo por meio das condições necessárias ao acontecer humano permite-lhe apropriar-se de uma ética, *a ética do ser*, que não é aprendida por regras de comportamento, mas emerge desse percurso. A etimologia da palavra *ethos* remete a dois sentidos[2] como ($\varepsilon\theta o\varsigma$) práxis , costume, e ($\eta\theta o\varsigma$) como morada e pátria. Quando uso a palavra ética nesse trabalho refiro-me ao seu sentido de morada e pátria. Os diferentes aspectos que pretendo discutir ao longo desse livro são os elementos fundamentais que possibilitam, ou não, ao ser humano *morar* no mundo entre os homens. Decorre que a fragmentação do *ethos-morada* leva a um tipo de sofrimento que,

---

2. Ver B. Forte, *A escuta do outro. Filosofia e revelação*, São Paulo, Paulinas, 2003.

apesar de alcançar o registro psíquico, não tem sua origem no psíquico. São os sofrimentos que acontecem em registro ontológico!

Ao voltarmos o olhar para a situação clínica, veremos que ela se caracteriza pelo *cuidado* que estabelece as condições necessárias ao acontecer humano. Esses são fatos que me levam a afirmar que a clínica é essencialmente ética ($\eta\theta o\zeta$) e a ética é clínica! Nessa perspectiva, cai por terra toda concepção que busca definir a situação clínica a partir de procedimentos técnicos. A técnica, assim compreendida, joga o paciente em direção ao conceituável, roubando-lhe o indizível e os mistérios de seu ser. Este é o homem-coisa e não mais *ser*, não mais *presença*.

O encontro do cuidado ético que permite o surgir de si mesmo é reconhecido como uma experiência de qualidade estética[3]: é uma experiência de encanto, de júbilo, de sagrado. A ética desvela-se como beleza, como verdade, como dignidade, como *presença de si e do outro*.

O indivíduo assim constituído, ao se debruçar sobre o mundo com os outros, dispõe de um olhar ético que lhe permite reconhecer as condições inóspitas para o ser humano, algo que não passa por uma Sociologia, ou por um conhecimento sobre o Direito, mas, sim, por um conhecimento decorrente da maneira como aconteceu sua entrada no mundo.

Surge a partir dessa visão a possibilidade da crítica às situações de nosso tempo para com a ética do ser, para com as condições necessárias ao acontecer e à presença humana.

---

3. O tema da experiência estética foi amplamente abordado, em meu livro *A face estética do self*. (G. Safra, *A face estética do self – teoria e clínica*, Unimarco, São Paulo, 1999).

A clínica contemporânea demanda posições e manejos do analista, referidos ao *ethos* (ηθος) humano. Ao mesmo tempo em que conduzimos um processo psicanalítico ou psicoterapêutico, somos informados do mal-estar de nosso tempo e das condições fundamentais para o emergir do sentido de si. Nos próximos capítulos enfocarei esses aspectos fundantes para o ser humano, conhecimento decorrente de minha prática clínica, do que meus pacientes me ensinaram, de meu diálogo com os poetas e com alguns pensadores russos. Considero o diálogo com esses pensadores bastante fecundo para refletir sobre a ética e o adoecer humano, pois na Rússia, devido às peculiaridades de sua história, muito cedo houve a produção ideológica de realidades: a importação do Cristianismo, a tentativa de tornar a Rússia europeia por Pedro, o Grande; e a adoção do pensamento comunista. Esses fenômenos levaram a periódicas fragmentações da tradição russa, com o consequente estabelecimento da vida em simulacros ou sincretismos como tentativa de soluções dos problemas decorrentes desse tipo de política[4]. A partir do final do século XIX, vemos o aparecimento de filósofos, escritores, poetas, dramaturgos, que tomam como objeto de seus trabalhos a ética humana e os sofrimentos decorrentes de seu esfacelamento. O povo russo, por essa razão, tem uma tradição de abordar as questões do sofrimento humano, fruto da ruptura do *ethos* humano, que nos beneficiam em nosso trabalho com as angústias decorrentes da pós-modernidade.

A vinculação do povo russo com a filosofia é profunda e apaixonada. A vida no cotidiano está assentada sobre preocupações

---

4. M. Epstein, "The origins and meaning of russian postmodernism", *After the future. The paradoxes of postmodernism & contemporary Russian culture*, Massachusetts, The University of Massachusetts Press, 1995.

Introdução

filosóficas, que colocam o sentido do *ethos* humano no centro das grandes questões do pensamento russo.

As questões referentes ao *ethos* humano, formuladas pelos pensadores russos, fundamentaram-se no modo como o convívio humano aconteceu na Rússia antiga. Em tempos passados o solo russo era ocupado por uma série de aldeias. Esses povoados eram o que possibilitava a vida acontecer. A aldeia denominava-se, em russo, *mir*. Essa mesma palavra, ao longo do tempo, passou, também a designar mundo e paz. *Mir* é povoado, mundo e paz!

Nessas aldeias a vida era comunitária. A vida de cada um de seus habitantes dependia profundamente da vida dos demais. Eram comunidades rurais, e, em decorrência desse fato, a etnia russa mantém profunda ligação com a terra. A interdependência entre os humanos e entre o homem e a terra é fundante. Assim, na concepção de vida russa é impossível se pensar no ser humano sem o enraizamento na terra, sem considerar a importância do trabalho que a transforma e faz surgir as coisas, sem a convivência com os outros seres humanos. O *ethos* humano acontece nessa interdependência profunda entre os homens, a terra e a coisa. O acontecimento nessas diversas facetas possibilita o *ethos*, possibilita *mir*: mundo, paz, aldeia.

Graças a essa concepção de vida floresceram inúmeros cultos na Rússia que reverenciavam a mãe-terra. Sempre houve uma vin-

---

5. Após o batismo da Rússia e a adoção do Cristianismo como religião oficial, houve um grande florescimento de centros de espiritualidade cristã. Havia na Rússia a concepção de que, depois de Roma e de Constantinopla, o grande centro da espiritualidade cristã lá estaria, daí o uso do título de *Sagrada Rússia*. Dessa forma, a veneração à terra, existente em tempos remotos, retornava nesse novo título outorgado à Rússia.
6. No Cristianismo, o culto à mãe-terra é deslocado para o culto à Virgem Maria, surgindo alguns ícones da Virgem em que ela apa-

culação profunda do povo russo em relação a sua terra natal, o que mais tarde desabrochou na concepção da assim chamada *A Rússia Sagrada*[5] e no culto das *Virgens Negras*[6].

O povo, nessas comunidades, teve de enfrentar inúmeras situações de guerra. Não se pode dizer que havia uma unidade do povo nessa época. A integração da Rússia em uma unidade foi realizada pelo Príncipe Vladimir, por meio da adoção de uma ideologia, com a importação do cristianismo. Segundo a tradição, Vladimir teria enviado emissários que viajaram com o objetivo de investigar as diversas religiões existentes no mundo e encontrar a religião verdadeira que seria adotada na Rússia. Esses mensageiros foram para diferentes regiões do mundo. Retornaram descrevendo o que viram e afirmando que a Rússia devia adotar o Cristianismo, pois haviam presenciado diversos cultos, mas nenhum se podia comparar com a beleza da liturgia na Catedral de Santa Sofia, em Constantinopla (atual Istambul). Segundo eles, a beleza ali era de tal ordem, que Deus deveria estar lá.

O critério da verdade religiosa foi a *Beleza*. Algo fundamental no pensamento russo e que reaparece no pensamento de Dostoievski, quando afirma que *a Beleza salvará o mundo!* Não é por acaso que um dos centros da Rússia, a Praça Vermelha, denomina-se em russo *Krasnaia Plochad*. *Krasnaia* significa, em russo, vermelho, mas é também palavra utilizada para o belo. *A Beleza, a Verdade, o Bom, para o pensamento russo são facetas de um mesmo acontecimento*[7].

A nova religião foi instaurada por ordem real. Esse foi o primeiro acontecimento na história da Rússia, que foi sucedido por

---

rece negra. Dessa maneira, a iconografia dava à Virgem-Mãe a cor da terra.

7. Perspectiva trabalhada em meu livro *A face estética do self, op. cit.*

outros, em que a importação de uma ideologia organizaria a vida do povo. O mesmo tipo de fenômeno ocorreu mais tarde com Pedro, o Grande. Ele considerou que a Rússia estava isolada da cultura europeia e desenvolveu um projeto de abertura das fronteiras da Rússia para a Europa. Pedro, o Grande, estabelece um porto a fim de que a Rússia pudesse ter comunicação com a Europa. Isso aconteceu com a construção de São Petersburgo. A cidade foi estabelecida em meio a charcos, construída segundo a estética parisiense. Pedro, o Grande, abriu as fronteiras da Rússia para o pensamento ocidental, pois incentivou a importação de pensadores, artistas e costumes europeus.

Em decorrência desse fato, ocorreu um fenômeno que marcou profundamente a história do pensamento russo: a cultura russa dividiu-se em duas grandes facções. A primeira delas ficou conhecida com o nome de *eslavofílico*, e a segunda como *inteligentsia*. Os eslavofílicos defendiam uma ideia messiânica da Rússia; a nação russa como salvadora do mundo. Este era um grupo de pensadores profundamente nacionalistas e com rejeição por tudo aquilo que vinha do ocidente. A *inteligentsia* era o grupo de pensadores que, ao contrário, esposavam as ideias ocidentais e ansiavam que o império pudesse ser derrubado para que uma nova nação surgisse. Iniciou-se a importação de uma nova ideologia: o Marxismo.

Os autores que tomei como interlocutores nesse trabalho faziam parte, originalmente, da *inteligentsia*. Eram pessoas que estavam profundamente preocupadas com a situação social e política da Rússia, mas, à medida que o processo de revolução acontecia, ficaram desencantadas com o modo como o grupo ao qual pertenciam, agiam e separaram-se deles. São pensadores que se voltaram cada vez mais para a reflexão sobre o *ethos* humano, pois perceberam as implicações nocivas de a vida humana ser regida por ideologias afastadas do cotidiano e do acontecer humano. Nesse grupo de pensadores encontram-se Fyodor Dostoievski, Lev Tolstoy, Vladimir Solovyov, Nikolai Fedorov, Pavel Florensky, Nikolai Berdaiev, Sergei Bulgakov, entre outros. Com eles surgiu o movimento, que na história do pensamento russo ficou conhecido como a *Idade de Prata*. Eles são algumas das referências que utilizarei ao longo deste trabalho.

Esses pensadores apresentaram elaborações lúcidas sobre o que propiciava e o que estilhaçava a condição humana. Assim, por exemplo, Dostoievski viveu em São Petersburgo no final de sua vida. Ele detestava a cidade por sua arquitetura e pela maneira como as ruas eram projetadas, pois segundo sua maneira de ver, aquela estética tornava a cidade inóspita. Para que pudesse escrever, saía de São Petersburgo e ia para a *datcha*[8]. No "Diário de um Escritor" (1873-1875)[9] ele diz:

> Verão, férias escolares; pó e calor, calor e pó. É desagradável ficar na cidade. Todos partiram. Outro dia eu estava prestes a iniciar a leitura da pilha de manuscritos que se acumulou em meu escritório de editor... Mas eu deixarei para mais tarde meus comentários sobre manuscritos, embora eu tenha algo a dizer sobre eles. Quer-se ar fresco, lazer, liberdade; mas ao invés de ar fresco e liberdade eu me vejo perambulando sozinho, sem destino em meio a ruas cobertas com areia e lama, sentindo-me insultado por alguém... Sim, um sentimento mais ou menos assim. Como todos sabemos, metade de nossos problemas desaparecem só de conseguirmos encontrar alguém para culparmos por eles, e é ainda mais vexatório quando não há, realmente, ninguém para se encontrar...(nossa tradução, p. 253)

---

8. Casa de campo em russo.
9. F. Dostoievski, "Cap.13. Little Pictures", *A Writer's Diary*, vol. 1, 1873-1875, Evanston, Northwestern University Press, Ill.1999.

Esses autores testemunhavam o esfacelamento cultural que ocorria na Rússia ao final do século XIX e no início do século XX e o decorrente adoecer humano. É frequente se encontrar em seus escritos a preocupação com o futuro da humanidade, pelas condições anti-humanas que pareciam intensificar-se com o passar dos anos. Nos textos desses autores são discutidas essas questões presentes não só na Rússia do início do século vinte, como também, em tom profético, os problemas de nosso tempo, em que a natureza humana se estilhaça. Frente a essa situação, recolhem e emolduram a face humana, explicitando o *ethos*. Para realizar essa tarefa criam uma obra resistente à fragmentação da medida humana, evitando a abstração racionalista. São textos que apresentam uma maneira diferente de pensar, pois ao *mesmo tempo* integram os vértices literário, filosófico, político e religioso. Um exemplo desse tipo de trabalho é *Os irmãos Karamazov* de Dostoievski. Esses autores escreveram obras em que o *ethos* humano se explicita em seu registro ontológico.

O estudo desses autores foi para mim bastante benéfico, pois me permitiu observar e compreender os problemas do sofrimento humano no mundo contemporâneo com uma profundidade que desconhecia até então. Os pacientes que nos procuram na atualidade apresentam um tipo de sofrimento, que demanda uma modificação significativa na maneira como conduzimos o processo terapêutico. Cada vez mais nos deparamos na clínica, com um tipo de problemática humana que nos coloca, como foco e com urgência, o restabelecimento do *ethos* ($\eta\theta o\varsigma$) , o que nos leva ao estabelecimento de uma situação que possibilite o acontecer da condição humana, a partir da compreensão daquilo que é o ontológico no ser humano. É uma clínica que exige que o profissional possa estar situado no registro ético-ontológico, a fim de que possa ouvir a dor de seu paciente no registro de seu aparecimento. Esse lugar é necessário para que o psicanalista, ou terapeuta possa situar-se frente às queixas de seus pacientes, sem deturpá-las ou reduzi-las ao já conhecido, ao simplesmente psíquico. Na atualidade, em decorrência da intensa fragmentação do *ethos* promovida pelo processo de globalização e hegemonia da técnica, o tipo de sofrimento que encontramos na clínica não é só uma perturbação decorrente de uma dinâmica psíquica, mas são situações que reclamam a necessidade da constituição do si mesmo e da constituição do psíquico e o re-estabelecimento da ética na situação analítica.

Ao ouvir esses pacientes reconheci em seu modo de ser o tipo de sofrimento e de situação que encontrei assinalado nos escritores russos que mencionei anteriormente. Surpreendi-me com a constatação do quanto tínhamos para aprender com esses pensadores do final do século XIX e início do século XX. Muitos de nossos pacientes sofrem pelo desenraizamento, pelo fato de terem sido coisificados, reduzidos a ideias ou abstrações. Na atualidade, encontramos pessoas que são filhos da técnica e que sofrem da *agonia do totalmente pensável*.

Os pensadores, aos quais me referi, enfatizam a impossibilidade de se realizar qualquer tipo de redução do ser humano, pois este jamais pode ser plenamente revelado ou explicado. Essa não é só uma questão epistemológica, mas uma situação que, se não considerada, pode adoecer profundamente o ser humano: é uma questão *ética!* A condição humana acontece no enigmático, no obscuro, no indizível, no mistério.

Desde o racionalismo, o projeto intelectual do Ocidente tem sido teorizar sobre o ser humano, suspendendo sua condição enigmática e reduzindo-o a uma ideia, a uma coisa, a um objeto, a um conceito. No entanto, frente a qualquer tentativa de apreensão intelectual, o homem é um ser que por sua própria natureza desconstrói qualquer formulação racional ou teórica. Compreender o homem através de qualquer conceito universal, seja o econômico, a sexualidade ou a vontade de poder, é compreendê-lo por meio de uma abstração, que o adoece e que instaura uma situação de barbárie silenciosa e imperceptível, que na maior parte das vezes só será compreendida em sua magnitude após muito tempo, quando seus efeitos já forem inegáveis.

Um problema significativo é que a tentativa de explicar o fenômeno humano por um conceito universal cria a hiper-realidade. O conceito de hiper-realidade refere-se à criação de falsas realidades ou simulacros, que passam a determinar e organizar o viver humano (ver Jean Baudrillard[10], 1983). Toda hiper-realidade constitui o falso e o aparente, levando o ser humano a um desenraizamento de seu *ethos*. Epstein[11] (1995) ao se referir às hiper-realidades comuns no mundo contemporâneo afirma:

> A inteira vida da sociedade torna-se uma autoapresentação vazia. Nem partidos políticos ou empresas são realmente criados, mas sim conceitos de partidos e empresas. Incidentalmente, a área mais real, a econômica, é até mais simulada do que todas as outras. (nossa tradução, p. 196)

No registro da hiper-realidade, por exemplo, um texto é visto como um simples texto, perdendo seu estatuto originário de fenômeno inter-humano e por meio de abstrações cria-se uma realidade textual. Da mesma forma, ao se compreender o ser humano

---

10. J. Baudrillard, *The Precession of Simulacra*, New York, Semiotexte, 1983.
11. M. Epstein, *After the future. The paradoxes of postmodernism & contemporary russian culture*, Amherst, The University of Massachusetts Press, 1995.

pelo universal da sexualidade, cria-se a hiper-realidade da sexualidade. Esta aparece como um fenômeno importante em si e desconectada da situação inter-humana. Surgem sexualidades externas ao homem, aparecendo como um objeto a ser consumido e obturando o esfacelamento do ser no homem. A proliferação de hiper-realidades propicia o aparecimento de falsos *selves*, de personalidades simulacro, entre outras. Na linguagem de Florensky, no lugar do rosto instaura-se a máscara. O rosto apresenta o mistério, enquanto a máscara, a objetificação. O rosto assinala que o homem nasce como uma indagação, que se desdobra ao longo da vida e que jamais é respondida. Ser indagação é acordar surpreendido pelo destino humano. O mistério coloca-se frente ao homem, com as questões do nascer, do outro, do convívio entre outros, da geração, da precariedade da vida, da morte e da pergunta que sempre se renova.

Na clínica contemporânea, as pessoas chegam até nós em desespero profundo por não encontrarem o rosto em si e no outro. Vivem como máscara entre máscaras e, no momento que a retiram, há um nada. Frente ao outro fazem a pergunta: há alguém atrás dessa máscara? São agonias terríveis, que testemunham e delatam as hiper-realidades. São pessoas que clamam para a possibilidade de vir a formular as questões do destino humano. Vivem na agonia do terrível, aspirando pelo sofrimento. Uma coisa é a agonia do não ser. Outra é a oportunidade de sofrer em decorrência dos acontecimentos inerentes ao destino humano. Sofre apenas aquele que se apresenta rosto frente a outros rostos!

Para termos a possibilidade de acompanhar essas pessoas é preciso que possamos reconhecer que nossa prática como terapeutas e psicanalistas está adoecida, pois na maior parte das vezes está assentada sobre hiper-realidades. Nossas teorias e práticas estão sendo questionadas pelas situações clínicas com que nos deparamos em nosso cotidiano profissional. Elas nos levam a rever o percurso de nossa disciplina, chamando nos a fundamentar nossa atividade clínica sobre as questões fundamentais do destino humano, o que significa estarmos posicionados sobre o *ethos* humano. Ao longo deste trabalho utilizarei a companhia dos poetas, pois em minhas pesquisas observei que eles têm a possibilidade de, por meio de seus escritos, revelar a ética do ser e as condições necessárias para o acontecer humano. Diz Heidegger[12]:

> Poetas são os mortais que...seguem os vestígios dos deuses fugitivos, permanecem nesses vestígios e, assim, retraçam o curso do retorno para seus irmãos mortais...Ser poeta em um tempo destituído significa: cantando, inspirar-se no vestígio dos deuses fugitivos. Eis por que, na noite do mundo, o poeta canta o Sagrado. (1971, p. 94)

Para iniciar nosso percurso recorro a Mário de Andrade[13] que, em poema escrito em 1933, trouxe à luz o mistério da condição humana. Ele nos diz:

> Esse homem que vai sozinho
> Por estas praças, por estas ruas,
> Tem consigo um segredo enorme
> É um homem.
>
> Essa mulher igual às outras
> Por estas ruas, por estas praças,
> Traz uma surpresa cruel,
> É uma mulher

---

12. M. Heidegger, "What are Poets for?", *Poetry, Language, Thought*, New York, Harper & Row, 1971.
13. M. Andrade, *Poesias completas*, edição crítica de Diléa Zanotto Manfio, Belo Horizonte, Vila Rica, 1993.

> A mulher encontra o homem,
> Fazem ar de riso, e trocam de mão,
> A surpresa e o segredo aumentam.
> Violentos.
>
> Mas a sombra do insofrido
> Guarda o mistério na escuridão.
> A morte ronda com sua foice.
> *Em verdade, é noite.* (p.357)

Penso que esse poema de Mário de Andrade diz belamente os aspectos que procuro abordar como pertencentes ao horizonte da existência humana: o segredo, a visibilidade na sombra, o insofrido e, principalmente, a dimensão fundamental do *ethos* humano: o mistério, a verdade da noite, a *ética do ser*.

Capítulo I
SOBÓRNOST: FUNDAMENTO DO *ETHOS*

> *A pessoa humana realiza-se somente em comunidade com outras pessoas, na comunalidade (Communautŭ, Gemeinschaft). A pessoa não pode realizar a plenitude de sua vida quando trancada dentro de si. O homem não é somente um ser social e não pode pertencer inteiramente à sociedade, ele é também ser social... É necessário fazer uma distinção entre a comunalidade (Communautŭ, Gemeinschaft) e sociedade. A comunidade (comunalidade) é sempre um encontro da pessoa com pessoa. O eu com o tu em um nós. Na autêntica comunalidade não há nenhum objeto, porque uma pessoa nunca é um objeto, mas é sempre um tu... Sobórnost é o nós existencial. Sobórnost, racionalmente, não pode ser expresso como um conceito, não está sujeito a objetivação. A objetivação de Sobórnost o transforma em uma sociedade, provavelmente até em um estado.*
>
> BERDAIEV[1], 1936 (nossa tradução).

Winnicott, no campo psicanalítico, enfocou, primordialmente, não tanto o fenômeno psíquico, mas o que seria a condição mesma do aparecimento deste. Ele realizou

---

1. N. Berdaiev, *The Problem of Man*, 1936 (http://www.berdyaev.com/berdiaev/berd_lib/1936_408.html).

sua obra mostrando que determinadas situações são condições necessárias para que a experiência de ser e o estabelecimento de si mesmo pudessem vir a acontecer. Enfatizou a importância da presença do outro, no encontro originário que possibilita o sentido de si mesmo. Uma contribuição importante de seu pensamento à Psicanálise foi o de apontar que o trabalho com as questões psíquicas teria de ser precedido pelo acontecimento, que possibilita ao indivíduo um início de si. É preciso ser, para então desejar e relacionar-se.

Essa perspectiva nos permitiu a compreensão e o trabalho com dimensões do sofrimento humano que, anteriormente, nossos procedimentos clínicos não alcançavam. Com suas formulações sobre as agonias impensáveis, decorrentes da queda do indivíduo no não ser, mostrou-nos a existência de sofrimento anterior às chamadas ansiedades de aniquilação. É preciso existir para sofrer a aniquilação. Cair no não ser é mais terrível do que ser aniquilado. A aniquilação implica em algum sentimento de unidade. O sofrimento do não ser emerge como agonia do não existir e como o grito sem eco.

Com seu trabalho, Winnicott mostrou-nos que o ser humano necessita da presença de um outro, que o receba ao nascer. Sendo o ser humano pura precariedade, necessita de um outro que o recepcione no mundo humano e que lhe oferte *o cuidado*. A partir da clínica contemporânea, percebemos que esses elementos são profundamente mais amplos e mais complexos do que as teorizações que nos foram ofertadas por Winnicott. Há outras facetas fundamentais para que o acontecimento humano possa dar-se.

Cabe assinalar a importância do momento histórico em que Winnicott fez suas observações e reflexões. O tipo de problemática que ele encontrou na clínica exigiu uma compreensão diferente daquelas que a Psicanálise até então fornecia. Atento ao sofrimento de seus pacientes, ele percebeu a importância do momento originário, a especificidade do encontro da mãe com seu bebê que possibilitava o estabelecimento do *self*. Sendo um bom clínico e um excelente observador, formulou sua teoria de modo que os conceitos estivessem aparentados com os fenômenos observados. Esse rigor permitiu-lhe compreender e formular as questões da agonia, as questões relacionadas ao acontecer humano, usando uma linguagem que respeitava e preservava a fala do paciente.

Conheci o trabalho de Winnicott em 1976 e seu pensamento, desde então, me possibilitou lidar com inúmeras situações clínicas. Minha capacidade de compreensão e diagnóstico das situações que observava no consultório ampliou-se consideravelmente graças a sua obra. Suas formulações, decorrentes de sua capacidade de observação clínica, disciplinaram meu olhar e lapidaram minha fala, o que me permitiu fazer intervenções no idioma dos pacientes[2] e assim preservar a comunicação do sofrimento vivido por eles, sem reduzi-lo ou transformá-lo em uma abstração teórica. No entanto, nos últimos anos comecei a testemunhar novas formas de sofrer, que demandaram mais do que a teorização de Winnicott me ofertava. Amparado pelo rigor na observação e no respeito pelo sofrimento humano, que aprendi em minha análise pessoal e com o estudo de Winnicott, pude acompanhar o que diziam meus analisandos e compreender a profundidade das questões que eles me comunicavam. Encontrei na concepção russa de *Sobórnost* uma perspectiva fecunda para compreender e manejar os problemas que encontrei na clínica contemporânea.

Sobórnost (unidade, conciliar, comunitário) é uma noção fundamental no pensamento russo, utilizada nos vértices filosófico,

---

2. O tema do idioma pessoal será discutido no capítulo VI.

psicológico e teológico. Ela nos permite vislumbrar não só aqueles que são os princípios mais fundamentais do viver russo, mas também o que foi compreendido por esse povo sobre o fenômeno humano ao longo dos séculos. Foi enfocada pela primeira vez pelos pensadores russos Khomiakov e Kireevsky[3] (1846-1848).

Khomiakov refletia sobre as condições de vida do povo, sobre a condição humana e em seu trabalho explicitou a concepção de *Sobórnost*, que permeava a vida russa. Para ele a consciência individual é necessariamente fragmentada, a verdade do ser só acontece na consciência vista como acontecimento comunitário (*sobornyi*). *Sobórnost* nada tem a ver com concepções como *consciência grupal*, ou *sujeito* supraindividual, ou qualquer outra abstração. O concepção de *Sobórnost* é *ontológica*[4]. Sendo assim procura iluminar as condições fundamentais para *o acontecer humano*. A afirmação fundamental é: *qualquer situação que frature ou impeça Sobórnost, adoece o ser humano*. Perspectiva vital para a clínica contemporânea.

Sobórnost é, em russo, um substantivo; *nost* é terminação de substantivo e *sobor* é raiz que indica associação, comunidade. Se fôssemos traduzir a palavra, seria algo como "pan-unidade". Utilizarei a palavra *Sobórnost* transliterado do russo, pois, na litera-

---

3. A. Khomiakov. & I. Kireevsky, *On Spiritual Unity. A Slavophile Reader*, New York, Lindisfarne Books, 1998.
4. O ontológico e o ôntico são registros distinguidos por Heidegger para abordar as diferenças entre o Ser e o ente. Kaelin (1988) nos diz que o ôntico refere-se aos fatos da existência humana, enquanto o ontológico diz respeito às estruturas *a priori* que definem as possibilidades realizadas em cada existência humana. (E. F. Kaelin, *Heidegger's Being and Time. A Reading for Readers*, Tallahassee, The Florida State University Press, 1988.)

tura internacional, nas diversas áreas do conhecimento humano, encontramos o uso da palavra como pronunciada em russo. O primeiro ponto importante na compreensão dessa perspectiva é que ela abole a concepção de indivíduo, como nós a conhecemos. A noção de indivíduo leva frequentemente a uma compreensão do ser humano como ontologicamente isolado dos demais. *Sobórnost* assinala que cada ser humano é a singularização da vida de muitos. *Compreender o ser humano como a singularização da vida de muitos implica em dizer que cada ser humano é a singularização da vida de seus ancestrais e é o pressentimento daqueles que virão.* Isso não equivale a afirmar somente a existência da influência cultural, mas sim que o sentido de si é um fenômeno ontológico comunitário, isto é, acontece em meio à comunidade e *como* comunidade. Evento transgeracional, vindo da história em direção ao futuro. A verdade de si mesmo acontece e se revela somente pelo reflexo do rosto do outro. Em nossa maneira habitual de pensar, o ser é constituído antes da comunidade. *Sobórnost* assinala-nos que o ser *é* comunidade! Em algumas escolas de Psicanálise há referência à importância do outro na constituição da subjetividade. A partir do conceito de *Sobórnost*, o conceito de outro tem sua especificidade. O Outro[5] é *Sobórnost*!

Essa concepção tem implicações clínicas importantes, pois ao estarmos frente a alguém, estamos frente à singularização dos ancestrais e àquelas questões do destino humano, que naquele grupo

---

5. Utilizo o Outro com maiúscula para referir-me ao outro compreendido como *Sobórnost*. O Outro implica então, ao mesmo tempo, o contemporâneo, os ascendentes, os descendentes, a coisa, a Natureza, o mistério. Aspectos fundamentais na constituição da morada humana. Por outro lado, uso a palavra *outro* minúscula para fazer referência ao outro visto sua imanência, sem a presença do vértice transcendente existente na concepção de Outro-*Sobórnost*.

humano, do ponto de vista transgeracional, se põem em devir em direção ao que ainda não é. Cada ser humano carrega potencialidades de ser. *Ele é aparição dos ancestrais e é clareira do futuro. Ele é único e múltiplo. Ele ao dizer desvela, velando. Vive no horizonte de mundos.* O que nos demanda uma posição ética e epistemológica assentada no *paradoxo*. Somente o paradoxo contempla a condição humana como ser no mundo e sempre para além dele. Ao ouvirmos alguém formular as questões de seu destino, estamos ouvindo o sofrimento de um e de todos. Encontra-se eco dessa perspectiva na Torah que afirma: *quem salva uma vida salva toda a humanidade.*

Essa concepção compreende que o acontecimento humano é acontecimento que ocorre em meio à comunidade humana, como fenômeno transgeracional enraizado nos solos do mundo cultural humano e do mundo natural. O homem não existe sem a natureza e sem a cultura. A posição do homem na natureza é compreendida, não tanto como uma relação de dependência, mas sim, como uma relação de *aparentamento*[6] com a natureza.

O uso da palavra *aparentado* ou *aparentamento* é feito porque há necessidade, na perspectiva de *Sobórnost,* de enfatizar que a vinculação do homem com o mundo natural é *familiar.* O ho-

---

6. O conceito de aparentamento foi estabelecido por Feodorov no final do século XIX. Esse conceito é bastante próximo ao conceito de enraizamento, apresentado por Simone Weil. No entanto, coerente com a posição que advoga, Feodorov se recusa a utilizar metáforas que sejam alheias à vida humana, pois esse tipo de teorização ocorre por abstrações que se distanciam do *ethos* humano (Nikolai Feodorov (1828-1903) foi pensador contemporâneo de Tolstoy e Dostoievski, teve grande influência na geração da Idade de Prata, apesar de ter sido apenas um balconista de biblioteca). (M. G. Young, *Nikolai F. Feodorov: and Introduction*, Belmont, Massachusetts, Nordland Publishing Company, 1979).

mem é, ao mesmo tempo, filho de seus ancestrais e filho da natureza, aparentado com o mistério. O homem como ser de ação cria, rompe e põe em direção ao futuro a obra que abre o mundo para as gerações vindouras. A obra humana se apresenta na cultura. A cultura é compreendida como mundo em marcha, fruto da ação *criativa* do homem, orientada pelas questões do destino humano, sobre o mundo natural e sobre o mundo humano preexistente ao nascimento de alguém. Epstein[7](1995) assinala que Lênin afirmava que uma pessoa não podia viver em uma sociedade e estar livre dela, mas, em sua (Epstein) maneira de ver, a cultura liberta a pessoa da sociedade na qual vive. A cultura, para esse autor, não é um produto da sociedade, mas um desafio e uma alternativa à sociedade. Perspectiva decorrente da concepção que vê o homem como ser criativo (tema do próximo capítulo).

A cultura é assentada na linguagem e é vista como mundo continuamente preservado e transformado pela criatividade humana, possibilitando o aparecimento das cerimônias, das coisas, da obra, da política, campo existencial em que a vida de todos está em contínuo acontecer. O conceito de aparentamento surge na vinculação dialética do homem com a cultura: *a cultura é filha do homem e o homem é filho da cultura.* Temos aqui uma relação ontológica, na qual a cultura possibilita o diálogo entre gerações sobre as questões do destino humano. *Este diálogo é realizado por meio da linguagem, dos artefatos culturais e das cerimônias transmitidas através das gerações.*

---

7. M. Epstein, *After the Future. The Paradoxes of Postmodernism & Contemporary Russian Culture*, Amherst, The University of Massachusetts Press, 1995.

SOBÓRNOST E LINGUAGEM

A linguagem, compreendida por meio do conceito de *Sobórnost*, é fluxo histórico, presença do passado, do presente e do futuro, que permite que o *dizer* seja gesto humano, ação transgeracional geradora de possibilidades de existência. Linguagem que se apresenta ao homem como poesia, que o visita e que o gera: *linguagem revel-ação*. Diz Heidegger[8] (1959): "O vigor da linguagem é a saga do dizer enquanto o mostrante. Seu mostrar não se funda num signo. Todos os signos é que surgem de um mostrar, em cujo âmbito e para o qual os signos podem existir" (2003, p. 203).

Estamos mais habituados a encarar a linguagem de maneira objetificada, fora do registro ontológico, que a reduz a um sistema de signos, que informa e refere. A linguagem, em *Sobórnost*, possibilita a aparição do fenômeno humano, revela a condição humana, aparece poeticamente, re-instaurando o *ethos*. A poesia é resistente. Não é possível reduzi-la ou submetê-la a qualquer dissecação em busca de sua anatomia. Ela se preserva, resiste e revela algo do originário da condição humana. A poesia diz e preserva o mistério. Como perspectiva ética, a poesia assinala um lugar em que, ao se estar frente ao outro, frente às coisas, frente à cultura, apoiamos um pé na revelação e outro no não saber. O não saber é condição ética. Questão importante na clínica contemporânea, pois nela é fundamental estar-se posicionado no não-saber para que a revelação da singularidade do analisando possa aparecer.

---

8. M. Heidegger, *A caminho da linguagem*, Petrópolis, Vozes, 2003.

SOBÓRNOST E CERIMÔNIA

As cerimônias abrem as relações entre os homens de maneira que um evento se dê em presença dos ancestrais e dos habitantes do futuro. É por meio da cerimônia que os grandes eventos do destino humano são experimentados em companhia de todos, alcançando dessa forma a possibilidade de serem transcendidos pelo homem. Na cerimônia a pessoa se coloca em devir e escapa de ser atravessada de forma desruptiva por um acontecimento sem medida. Quando objetificadas, as cerimônias transformam-se em ritos. A cerimônia possibilita o acontecimento, enquanto o rito o mata.

Uma cerimônia é celebração da vida e da morte, que promove e emoldura os acontecimentos fundamentais da existência humana. Quando objetificada, ela fica despojada dos elementos que a constituem, tornando-se mera forma sem pulsação.

Um paciente de seis anos de idade foi trazido à análise, pois seus pais temiam que ele pudesse vir a ter uma identificação feminina. Podia-se perceber que havia nessa família uma má inserção do masculino e da paternidade, questão que se apresentava como um problema transgeracional. Evidentemente na análise desse menino o lugar do pai era fundamental. Em uma sessão, depois de um longo trabalho na e com a transferência, ele vislumbrou a posição paterna. Pegou areia e amontoou-a em um canto da sala. Tomou duas madeiras, juntou-as em forma de cruz e as fincou sobre a areia. Ele ajoelhou frente à cruz e o monte de areia, fez uma reverência e dançou, por meio de pulos e gritos, na frente do *monumento* montado no canto da sala. Quando se perguntou a ele o que fazia. Respondeu que estava homenageando o pai, o avô e o bisavô.

O garoto fazia uma cerimônia, na qual celebrava a presença do masculino. É digno de nota, que isso foi feito por ele de uma maneira em que o masculino e a paternidade surgiam como possibilidades transgeracionais. Dimensão necessária para a elaboração de suas dificuldades, em decorrência das características de sua família.

SOBÓRNOST E ARTEFATOS CULTURAIS

Na perspectiva de *Sobórnost*, o *aparentamento* do homem também acontece com as coisas. As coisas são elementos da materialidade do mundo tocados pela mão humana e disponibilizados para o homem. Segundo a maneira como o homem as posiciona, elas mantêm seus estatutos ontológicos ou decaem para o registro dos objetos. Nosso mundo, na atualidade, caracteriza-se pela ausência das coisas e pelo excesso de objetos. A coisa é um artefato, é terra tocada pela mão humana. Dessa forma, a materialidade do mundo acompanha a corporeidade do homem. Sua permanência no espaço de vida humano acolhe as pegadas dos que aqui estiveram, possibilitando que um espaço de habitação possa acontecer[9].

Antes do estabelecimento da Rússia como nação, existiam aldeias que se caracterizavam por intensa vida comunitária. As casas, as *isbas,* eram feitas com toras de madeira de tal forma que as pessoas que as habitassem estavam sempre sentindo o aroma da mata. Cada *isba* tinha seus móveis e utensílios que passavam de geração em geração.

SOBÓRNOST E A NATUREZA

Nesse vértice, a natureza não é vista como objetificada e à parte da vida humana. O corte entre o pensamento e a ação, entre a

---

9. Este tema será discutido mais profundamente no capítulo IV.

cultura e o mundo natural era vista por Fyodorov (1828-1903) como a origem do processo de adoecimento do ser humano em seu *ethos*. Por meio de sua corporeidade o ser humano está aparentado com a natureza e nela encontra o silêncio e a cura de seu ser. O homem cuida da natureza e esta, por sua vez, cuida do homem. Ela é vista como guardiã da vida e da morte; e nela o ser humano encontra o simples e o originário de seu ser. A natureza se coloca em disponibilidade ao gesto humano para que o artefato surja, ao mesmo tempo em que possibilita o encontro do homem com o mistério.

Heidegger[10] (1934), consciente dessas questões, escreveu em um artigo que abordava o fato de estar morando na Floresta Negra:

> As pessoas da cidade se admiram com frequência deste isolar-se longo e monótono entre os camponeses e as montanhas. E, no entanto, não se trata de um mero isolamento. Trata-se de solidão. Em verdade, nas grandes cidades, o homem consegue isolar-se, como mal chega a fazer em qualquer outro lugar. Mas lá em cima nunca é possível isolar-se. Pois a solidão traz consigo a força primigênia que não nos isola, mas lança toda a existência na proximidade profunda de todas as coisas (p. 325).

Na perspectiva de *Sobórnost*, cada ser humano está fundado, em registro ontológico (*não* é um conceito sociológico), a seus contemporâneos, a seus ancestrais, a seus descendentes, à natureza e às coisas (os artefatos humanos), ao mistério, simultaneamente. A fratura de qualquer uma dessas facetas ou mesmo sua redução a um outro registro diferente do ontológico (por exemplo, sociológico ou psicológico) leva a um adoecimento do ho-

---

10. M. Heidegger, (1934), "Por que ficamos na província?", *Revista de Cultura Vozes*, ano 71, vol. LXXI, mai. 1977, n. 4.

mem. *O adoecimento ético do ser humano é a perda da condição de Sobórnost!* A concepção de *Sobórnost* define o lugar do Outro, pois o Outro é representante da humanidade: o mistério, o contemporâneo, o ancestral, o descendente, a natureza irmã e as coisas mensageiras do Outro. O Outro assim compreendido permite o morar, possibilitando o estabelecimento do *ethos* humano.

É importante assinalar que o vértice adotado neste trabalho nada tem a ver com as formulações sobre intersubjetividade ou intercorporeidade, como têm sido utilizados na atualidade em Psicanálise. O conceito de *Sobórnost* aborda um evento que é pré-subjetivo e pré-reflexivo. Trata-se da condição mesma em que um soma pode vir a ser corpo e em que um si mesmo pode vir a ser subjetivo. Essa é a perspectiva decorrente de um vértice ontológico. Transferencialmente falando, na clínica em *Sobórnost*, o analista está presente frente a seu analisando não só como um outro subjetivo, mas como Outro: como os ancestrais, como os descendentes, como a humanidade, como representante da cultura, como aquele que sustenta a criatividade, como o incognoscível. O analista, assim posicionado, é o devir do si mesmo do paciente e o Outro, simultaneamente.

Um menino de sete anos de idade, cuja avó paterna tinha origem russa-judaica, veio para o Brasil após ter ficado em um campo de concentração, onde faleceu seu marido, durante a Segunda Guerra Mundial. Por anos ela viveu uma depressão de difícil resolução. Atualmente, com idade ao redor dos sessenta anos, ansiava em poder se casar com um homem de origem semelhante sua, o que acabou ocorrendo durante o período em que a análise de seu neto estava ocorrendo. Havia, em sua busca de um parceiro, muitas questões envolvidas: necessidade afetiva, nostalgia por sua etnia, tentativa de superação de um luto difícil. A mãe do menino, em seu percurso pela vida, repentinamente tornou-se profundamente religiosa. Sua religiosidade assinalava um anseio semelhante ao de sua mãe: nostalgia por um mundo que se havia perdido em decorrência da guerra e da imigração de sua família. O menino, em sua análise, mantinha com seu analista uma relação transferencial, na qual aparecia seu anseio de reencontrar sua conexão com seus ancestrais. Ele explicitamente verbalizava essas questões a seu analista, afirmando que precisava de ajuda a fim de encontrar seu avô. Após o casamento de sua avó, certo dia o menino telefonou para ela e pediu para que ela o deixasse falar com seu novo marido. Nessa conversa, o garoto perguntou ao senhor se ele aceitava ser seu avô. O marido da avó respondeu: *Com todo o prazer, eu sou seu avô!* Esse evento modificou, significativamente, a maneira como esse garoto se posicionava na sessão.

Temos, nesse exemplo, uma situação transferencial para além da intersubjetividade. É um exemplo de um movimento transferencial que sustenta a possibilidade do encontro com os ancestrais.

Um outro analisando, adulto, em um momento importante do trabalho na transferência, contemplando a chuva na janela, enquanto conversávamos frente a frente, disse: *Com uma chuva como essa, o mundo ainda tem esperança...* Ele ansiava pelo simples, por um mundo não formatado pela tecnologia. Nesse caso, a situação transferencial sustentava a busca pelo originário, pelo aparentamento com a natureza.

Penso que a perspectiva de *Sobórnost* esclarece profundamente a condição humana e nos possibilita, na situação clínica, o resgate das fraturas que o homem vive em seu *ethos* no mundo contemporâneo.

Em linguagem poética, Cora Coralina[11] ilumina, com profundidade, o fato de o homem ser a singularidade da história da hu-

---

11. C. Coralina, "Todas as Vidas", *Poemas dos becos de Goiás e estórias mais*, São Paulo, Global, 1985.

manidade. Acredito que o poema seguinte é um belo texto, que nos auxilia a presenciar a experiência de *Sobórnost*.

> Vive dentro de mim uma cabocla velha de mau olhado
> Acocorada ao pé do borralho olhando para o fogo
> Benze quebranto, bota feitiço
> Ogum, Orixá, macumba, guerreiro, Ogan, pai de santo
> Vive dentro de mim a lavadeira do Rio Vermelho
> Seu cheiro gostoso da água e sabão
> Rodilha de pano, trouxa de roupa, pedra de anil
> Sua coroa verde de São Caetano
> Vive dentro de mim a mulher cozinheira
> Pimenta e cebola, quitute bem feito, panela de barro
> Taipa de lenha, cozinha antiga toda pretinha
> Bem cacheada de Picumã, pedra pontuda, cumbuco de coco, pisando alho e sal.
> Vive dentro de mim a mulher do povo
> Bem proletária, bem linguaruda
> Desabusada, sem preconceitos, de casca grossa
> De chinelinha e filharada.
> Vive dentro de mim a mulher roceira, enxerto da terra, meio casmurra, trabalhadeira, madrugadeira, analfabeta
> De pé no chão, bem parideira, bem criadeira, seus doze filhos, seus vinte netos
> Vive dentro de mim a mulher da vida, minha irmãzinha, tão desprezada, tão murmurada fingindo alegre seu triste fado
> Todas as vidas dentro de mim na minha vida
> A vida mera das obscuras (p. 45).

Capítulo II
A CRIATIVIDADE

> *Quem quer que deseje a liberdade suprema deve ousar matar-se. Aquele que ousar matar-se descobriu o segredo da mentira. Fora disso, não há liberdade, nisso está tudo, e nada, além disso. Quem ousar matar-se, será Deus.*
>
> fala de Kirilov em
> DOSTOIEVSKI[1], *Os demônios* (p. 889-890).

Compreender o ser humano a partir do vértice da criatividade implica em consequências importantíssimas na maneira como iremos abordar a pessoa humana, seu sofrimento e seu percurso pela vida.

O conceito de pessoa é bastante complexo. Uma das referências mais fundamentais para se abordar o conceito de pessoa é a filosofia grega. Nela há duas grandes perspectivas que lançam olhares peculiares sobre a condição humana: a concepção platônica e a concepção aristotélica. De uma forma ou de outra, a maneira pela qual operamos na situação clínica está bastante influenciada por aquilo que esses filósofos pensavam sobre o ser humano.

Na filosofia grega, a noção de Cosmos é fundamental. Para os gregos, o Cosmos possuía integridade e harmonia. Tudo e todos

---

1. F. Dostoievski, "Os demônios", *Obra completa*, vol. III, Rio de Janeiro, Nova Aguillar, 1995.

estavam inseridos e regulados pela harmonia cósmica. A noção de Cosmos se contrapõe à noção de Caos. A noção de Cosmos pressupõe que o Ser se manifesta harmonicamente sendo regido por um único princípio: o Logos.

A partir dessa perspectiva, Platão concebe o homem como participando do Cosmos, mas para ele as Ideias[2] *(ιδεαν, ειδοσ)* são fundamentais. Em *Timeus,* Platão nos diz que as almas são criadas semelhantes e manifestam diferenças somente quando adquirem seus corpos respectivos. Nessa visão o homem tem uma alma pré-existente, que em determinado momento se une a uma substância individualizada surgindo o homem. Na visão platônica, quando o homem morre, a alma retorna à origem à espera de uma outra possibilidade de se vincular à substância novamente, possibilitando uma nova encarnação.

A visão aristotélica é aquela que mais influenciou a ciência ocidental. Porque nessa visão, o acontecimento humano se dá pela substância[3] *(ουσια),* um corpo se faz – o homem é um corpo. O corpo dá a ele a possibilidade de ser *um indivíduo*. É a substância corporal que dá ao ser humano a possibilidade de ser uma individualidade.

2. A Ideia é aqui apresentada segundo seu significado platônico em que é compreendida como *espécie única intuível numa multiplicidade de objetos*. Platão em *Parmênides* diz: "Creio que acreditas haver uma espécie única toda vez que muitas coisas te parecem, p. ex. frandes e tu podes abrangê-las com um só olhar: parece-te então que uma única e mesma Ideia está em todas aquelas coisas e por isso julgas que o grande é uno" (Ver: N. Abbagnamo, *Dicionário de Filosofia,* São Paulo, Martins Fontes,1998, pp. 524-525).
3. Substância: aquilo que há de permanente nas coisas que mudam, que é modificado pela mudança, permanecendo *o mesmo* e servindo de suporte comum a suas qualidades sucessivas. (Ver: A. Lalande, *Vocabulário técnico e crítico da filosofia,* São Paulo, Martins Fontes, 1996, pp. 1072-1073).

A criatividade

Na visão grega, o homem está sujeito ao Cosmos pela Ideia ou pela Substância. Tanto a visão platônica quanto a aristotélica compreendem o ser humano como um ser de necessidade. É nesse contexto que vemos o aparecimento das tragédias gregas. Elas parecem surgir em decorrência do mal-estar do ser humano frente a uma visão de mundo e de existência em que tudo está pré-definido. Na tragédia, temos o ser humano tentando escapar ao destino, o destino é sempre imperativo! São os deuses que decidem a vida dos homens. É no teatro que o homem consegue suspender essa experiência de ser necessidade e, por meio da colocação da máscara *(proswpon)*, o homem no teatro pode vir a ser *ator*: um ser que *age!* No palco, por esse meio, o indivíduo tem uma breve experiência de liberdade. No entanto, essa breve experiência de liberdade possibilitada pela máscara é truncada, pois a tragédia, fatalmente, termina com a afirmação de que o destino está determinado pelos deuses e pelas leis do cosmos.

Na visão grega, a noção de pessoa surge da noção de máscara, a pessoa nada mais é do que uma máscara. As necessidades biológicas ou os ditames impostos pelos deuses determinam a vida humana. Para que seja uma pessoa é necessário ter algo acrescentado a seu ser. A pessoa não tem uma real ontologia.

Essa é uma questão que atravessa a situação humana ao longo dos séculos. Qual a possibilidade que o homem tem de fazer frente a suas necessidades? Elemento que aparece nas diferentes visões filosóficas que surgiram ao longo do tempo e, evidentemente, também na Psicanálise.

Há uma certa revisão dessas questões no mundo romano. Roma, apesar da absorver algo da cultura grega, dá o estatuto de regulador da vida humana não tanto ao Cosmos, mas ao Estado. O que caracteriza o pensamento romano é a soberania do Estado. O Estado é que dá ao indivíduo a possibilidade de ser pessoa. Em Roma aparece a concepção de *persona* como individualidade, mas profundamente enraizada na noção de *papel* social, portanto com uma conotação sociológica e, mais tarde, também com uma noção legal. *Persona* é o papel que alguém exerce em seu relacionamento social ou legal. Perspectiva que também não fornece à pessoa uma ontologia própria. A *persona* acontece não por seu ser, mas por seu relacionamento social com os outros, com sua habilidade de formar associações, de estabelecer *collegia* e por organizar a vida humana em um estado. A identidade de alguém é proporcionada pelo estado. O indivíduo é pessoa por ser um cidadão do Estado. Dessa forma, o ser humano é pessoa na medida em que está subordinado às leis que regem as relações sociais formuladas pelo Estado. O que dá ao ser humano a possibilidade de ser pessoa são as relações sociais regidas pela *Lei!*

A influência ontológica nas ciências humanas é, principalmente, romana. Nelas o ser humano tende a ser compreendido como fruto das relações sociais organizadas por meio da Lei. Também a Psicanálise, em solo francês, tende a uma tradição legalista. A Lei constituiria e organizaria a subjetividade humana. Provavelmente, isso se deve ao fato de a cultura francesa estar assentada sobre o Catolicismo Romano, no qual a influência romana foi grande. O cristianismo romano caracterizou-se, durante muito tempo, por conceber a religião organizada como um Estado, legislado pela Lei representada pelo poder papal. Durante muitos séculos a figura do Papa se confundiu com a do monarca.

O mundo grego e romano trouxe-nos a ideia do pessoal, mas não nos pôde ofertar uma concepção ontológica para o conceito de pessoa. Outros fatores que não a "pessoalidade" ficaram como os fundamentos ontológicos da existência humana.

Essas são as influências ontológicas às quais estamos, consciente ou inconscientemente, conectados e que determinam a maneira pela qual fazemos antropologia, concebemos o ser humano e realizamos nossa prática clínica[4].

A pessoa compreendida como máscara não tem um estatuto ontológico próprio. Assim a pessoa será derivada do corpo, da ideia, da lei. A concepção da pessoa como máscara só é desfeita, quando há perspectivas ontológicas que contemplam de maneira própria a condição humana.

Ao compreender o ser humano a partir da criatividade, do gesto, rompe-se tanto com a tradição grega quanto com a romana. A pessoa deixa de ser vista como derivada do Cosmos ou da metamorfose do corpo e passa a ser vista a partir do gesto como ruptura, como *acontecimento inédito*. É diferente compreender a ação humana como decorrência dos deuses ou dos instintos e compreendê-la como fundante. Podemos compreender a criatividade como determinada por fatores sociais, como efeito da sublimação dos instintos, mas compreendê-la como fundante da abertura para a existência é algo bastante diferente.

A concepção do homem como ser ontologicamente criativo surgiu de um grupo de homens religiosos na Capadócia (São Ba-

4. Em artigos anteriores abordei as influências teológicas que, segundo meu ponto de vista, estão subjacentes às teorias psicanalíticas. Defendo a ideia de que assim como é fundamental ter clareza quanto à perspectiva epistemológica por meio da qual trabalhamos, também considero fundamental ter clareza sob qual perspectiva teológica e ontológica estamos trabalhando. *É uma grande ilusão pensarmos que nosso pensamento não está relacionado a uma perspectiva teológica!* Aqui procuro enfocar as influências ontológicas. (Ver: G. Safra. – "Fundamentos teológicos das teorias psicanalíticas: Freud e o judaísmo". *Revista Ide*. Sociedade Brasileira de Psicanálise, jun. 2001, n. 33, p. 64-73. G. Safra. – "Fundamentos teológicos das teorias psicanalíticas: Winnicott e o Cristianismo, Bion e o Hinduísmo". *Revista Ide*. Sociedade Brasileira de Psicanálise, jun. 2002, n. 35, p. 85-93.)

silio, São Gregório de Nissa, São Gregório Nazianzo), que re-posicionaram a tradição grega para dar conta da noção do Deus trinitário cristão. Surge a concepção de pessoa não mais como máscara, mas como inédito, como mistério, como ser criativo. A pessoa não seria mais um adjunto ao Ser, uma categoria que se adiciona a uma entidade, para ser em si mesma uma hipóstase do Ser. Assim sendo, as entidades deixam de ter sua origem no Ser como categoria absoluta, para terem sua origem na pessoa. A pessoa torna-se o elemento constitutivo. Isso é decorrente de terem pensado o Divino como pessoa criadora. A ontologia surge de fora do Cosmos e do mundo. O originário seria produto da criatividade do ser divino, seria resultado da liberdade. O ser do mundo surge para além da necessidade (Zizioulas, 1931)[5].

Os capadócios afirmam que o Deus trino teria uma só substância, mas constituído em três pessoas. A Sua realidade estaria assentada em Sua liberdade pessoal. A decorrência desse tipo de posição é de que a substância só existe em "modos de existência". Para eles, Deus existe não por sua natureza, mas por sua pessoalidade. Essa visão tem consequência direta na maneira como se vê o ser humano, já que o homem é concebido como tendo sido criado à imagem de Deus. Para os Padres Capadócios o conhecimento não é decorrente da essência ou da natureza dos entes, mas por seu modo de existir, ou seja, no como estão conectados no evento comunitário: *Sobórnost*. A pessoa humana revela toda a humanidade. Destruir uma pessoa é atacar toda a humanidade. A pessoa é fundamentalmente criativa e nela a comunhão e a alteridade não se contradizem, mas coexistem. Um ser humano deixado a si mesmo, sem o Outro, não alcança sua "pessoalidade".

---

5. J. D. Zizioulas, *Being as Communion. Studies in Personhood and the Church*, New York, St. Vladimir's Seminary Press, 1997.

A criatividade

Compreender o ser humano como ser criativo é compreendê-lo como ser que acontece por meio do gesto e que acontece em meio à liberdade, que em si mesma pode ser terrível. O gesto acontece entre homens, no mundo e pela ruptura do mundo. Diz Berdiaev[6] (1944) que embora o homem seja um ser natural e social, é ruptura dos processos que ocorrem no mundo; e que embora necessite ter continuidade, forma e limite, está aberto para o infinito e para o universo. Para ele o ser humano não é um agregado de partes, mas é um todo originário. A pessoa humana seria, a seu ver, não uma substância ou conjunto de traços, mas um ato, *um ato criativo!* Ela não é só um ser para a morte, nem só um ser na vida, ela é também um ser para o mais além. O ser humano é fundado em transcendência, que o constitui aberto para agir e perguntar.

O ser humano acontece pelo gesto, experiência de liberdade posicionada entre o ser e o não ser. Para o homem como ser criativo, a questão fundamental não é a morte, mas o fato de não vir a alcançar a possibilidade de ser o que é, o que só acontece pela hospitalidade ofertada ao singular de si mesmo pelos outros homens. A morte vista como elemento de angústia fundamental do ser humano é parente da visão aristotélica, pois ao se afirmar que o homem é substância, que lhe dá individualidade, afirma-se, ao mesmo tempo, que o mais terrível que pode ocorrer para esse indivíduo é o desaparecimento de seu corpo biológico.

Para o homem visto por meio da criatividade originária o terrível é ver-se sempre avizinhado pelo Nada. O Nada é o rosto do não ser, que ameaça o ser humano com a possibilidade de *não vir-a-ser* e com a ausência de sentido. Na atualidade inúmeras pessoas sonham com a morte como maneira de escapar do Nada e como gesto desesperado de anseio por acontecer. Outros, vendo-se

---

6. N. Berdiaev, *Slavery and Freedom*, French-New York, 1944.

subjugados pela determinação do mundo, abraçam o Nada e se identificam com ele, em uma posição defensiva niilista que aspira o ar fresco da liberdade. São os Kirilovs contemporâneos. O homem preso na necessidade só possui como conceito de liberdade a escolha entre o viver e o morrer.

O homem ocidental profundamente atrelado a concepções que o veem como ser de necessidades, como ser intramundano e imanente, busca com frequência o niilismo defensivo como acesso à criatividade e à liberdade originária. Surgem ideologias que entronizam o Nada. Na atualidade, muitos pacientes estão nessa situação de impasse existencial: buscam como única saída uma perspectiva niilista, esta os joga em uma angústia tão atroz, pois a existência perde qualquer sentido, o que os leva a viverem uma experiência de impasse. Diz o homem do subsolo, de Dostoievski[7]:

> nem mesmo sabemos onde habita agora o que é vivo, o que ele é, como se chama... Para nós é pesado, até, ser gente. Gente com corpo e sangue autênticos, próprios, temos vergonha disso, consideramos tal fato um opróbrio e procuramos ser uns homens gerais que nunca existiram. Somos natimortos, já que não nascemos de pais vivos, e isto nos agrada cada vez mais. Em breve, inventaremos algum modo de nascer de uma ideia (p. 146).

Um paciente, menino de 10 anos de idade, veio à sessão trazendo um caderno. Entregou-me o caderno, pediu que eu o abrisse e que lesse as poesias que ele havia escrito. Eram poesias tipicamente escolares, versos rimados, plenos de lugar comum. Depois de um período de silêncio, ele disse:

— A professora adorou esses versos que eu fiz... (silêncio) ... ela não sabe de nada. Eu escrevi esses versos para agradar ela... São uma droga!!

---

7. F. Dostoievski, *Memórias do subsolo*, São Paulo, Editora 34, 2000.

A criatividade

Tomou o caderno de minhas mãos, virou-o ao contrário, abriu-o novamente e entregou-o a mim, pedindo que eu lesse as poesias que estavam escritas naquela parte do caderno. Eram escritas em verso livre e eu poderia dizer que eram vivas.

Ele comentou:

— Essas, sim, são boas. Eu escrevi para dizer o que eu sinto, o que eu vivo...

Quantas crianças encontram a possibilidade de virar o caderno ao contrário?

Do ponto de vista social, suas poesias, mostradas em primeiro lugar, eram consideradas criativas, mas ele sabia claramente que a criatividade dele não estava nessas poesias, mas naquelas que haviam sido escritas no caderno ao contrário, símbolo da ruptura que esse menino precisava encontrar como possibilidade de si. Não encontrar um Outro, para quem a ruptura possa ser reconhecida como tentativa de encontrar o singular em si pode levar a pessoa à ruptura como sintoma estereotipado, arremedo de um viver criativo que jamais pôde ser testemunhado por um outro rosto humano. O criativo que possibilita aparecer a singularidade pessoal e inédita é bastante diferente do que socialmente se considera criativo. A criatividade na perspectiva que estamos trabalhando não está necessariamente relacionada ao fazer artístico, mas sim à ação que possibilita o acontecer e o aparecimento do singular de si mesmo. Elemento que só podemos testemunhar. A posição que tomamos sobre o lugar do criativo no acontecer humano determina um lugar ético na situação clínica.

Ao posicionar-se a criatividade ao lado da liberdade estamos entendendo a experiência de liberdade ocorrendo entre o ser e o não ser, que coloca o ser humano em uma experiência originária de desamparo. Não só como algo relacionado a sua sobrevivência, o que coloca o homem desde o início de sua existência em um estado de dependência do Outro, mas principalmente como um estado que possibilita ao ser humano, por meio de seu gesto, destinar-se em meio *ao risco*. O destinar-se ocorre como um gesto de esperança assentado na fé de que um acontecer é possível, isso é um *arriscar-se*. No momento em que uma criança dirige-se a alguém, se há uma comunicação, mesmo que silenciosa, haverá uma realização, mas, por outro lado, se o Outro não é alcançado, há uma experiência de queda e solidão infinita. Todo gesto é uma ousadia que implica em risco. Nessa perspectiva de compreensão do ser humano como ser criativo, ele é visto como ser instável para quem a questão fundamental não é a morte, *mas a queda no não ser*.

É fundamental a presença do Outro para que se alcance a experiência de solidão, pois a solidão implica em referência a um Outro. É preciso que haja a presença do Outro para que o não ser seja possibilidade de liberdade. Sem o Outro, a possível liberdade é espaço sem fim, a solidão é não existir, facetas da agonia impensável. O fato de o homem estar entre o ser e o não ser faz com que ele não seja derivado das necessidades, mas seu aparecimento é *surpresa* em meio às necessidades.

O homem, como ser criativo, vive com um pé na experiência das necessidades e o outro na experiência de liberdade. As necessidades se apresentam no registro biológico e no registro social. A criatividade origina a experiência de liberdade decorrente do gesto fundamental que inicia o devir humano em direção a um sentido sempre em transformação ao longo da vida. Dessa forma, sendo um ser criativo, o homem tem como sua obra fundamental o sentido de sua própria existência.

A criatividade no ser humano emerge de sua condição de ser instável e de ser um ente entre as fronteiras do finito e do infindável. Seu anseio pelo sentido parece ser anseio de algo que sustente sua instabilidade originária e que resolva sua situação paradoxal de ser um finito aberto para o infindável.

Algo importante de ser compreendido na clínica é que uma das tarefas fundamentais do ser humano é alcançar o registro simbólico de suas experiências, pois o registro simbólico dá ao homem a possibilidade de colocar sob o domínio de seu gesto os aspectos paradoxais de seu ser. Sem essa possibilidade o homem vive duas agonias insuportáveis: a claustrofobia da finitude, que o joga para o lado dos entes naturais e a agorafobia, que o lança para o abismo do sem fim. Simbolizar é importante não só para que significados se estabeleçam, mas principalmente, por ser um processo de contínuas transformações de sentido em direção ao porvir. *Importante ressaltar que o que estou chamando de registro simbólico não é o simples representar, mas colocar as questões fundamentais da existência em devir, por meio da ação criativa.* Caminho que permite o viver criativo para um dia, se possível, acolher a morte.

Kirilov, personagem de Dostoievski, citado na epígrafe desse capítulo, fala-nos de uma existência atormentada por um anseio desesperado de liberdade. Esquecido de seu *ethos*, ele afirma uma liberdade nascida da racionalidade que só pode se satisfazer no anseio pelo Nada. Drama do homem moderno encarcerado na imanência do mundo, sem a presença do rosto de um Outro, que o remeta ao mais originário da condição humana. A fala de Kirilov é semelhante à de muitos pacientes que hoje frequentam nossos consultórios. Aparece uma fala do sem sentido, como a fala de Kirilov, na qual a agonia surge de forma trágica no pesadelo da ação suicida. Pondé[8] (2003), em seu estudo sobre Dostoievski, afirma:

---

8. L. F Pondé, *Crítica e profecia. A filosofia da religião em Dostoievski*, São Paulo, Editora 34, 2003.

> *A grande tragédia da modernidade, para Dostoievski, é o investimento na eficácia instrumental como máxima, é assumir o ser humano como natural. A consequência disso, ou melhor, o próximo passo, é a destruição da natureza, pois o ser humano, como ser de natureza, não é capaz de sustentar a si mesmo* (p. 210).

Recordo-me de um paciente que atendi, um adolescente de quinze anos, que certa vez trouxe para sua sessão um pacote. Abriu-o sobre a mesa e revelou que trazia um coquetel *molotov*: uma garrafa de cerveja, cheia de álcool, fechada com uma rolha de cortiça e com um pavio. Disse-me, tirando uma caixa de fósforo de bolso, que iria acender o pavio. Imediatamente, levantei-me da minha poltrona com o objetivo de impedi-lo de qualquer ação. Ao observar minha reação, perguntou: *Qual é? Não vai deixar?* Respondi que não e me aproximei dele. Ele retrucou: *E se eu tentar?* Respondi que iria contê-lo. Ele se sentou na poltrona desanimado e disse: *Venho aqui para me sentir melhor, vem um marmanjo e quer tirar minha liberdade...* Reconheci no adolescente um drama semelhante ao de Kirilov: a liberdade só podia ser sentida pondo em risco a própria vida!

Esse fenômeno relaciona-se com o que Winnicott assinalava que, às vezes, o único gesto de afirmação de si, para que uma pessoa se sinta viva, é a ação suicida. O gesto dirigido ao Outro possibilita o estabelecimento do sentido que, por sua vez, é abertura para a experiência de liberdade e a possibilidade de o indivíduo existir entre os homens.

Nessa perspectiva, compreender o gesto humano como gesto criador de sentido em direção ao Outro, *Sobórnost,* é compreender a matriz mesma do processo transferencial. Pelo que foi exposto, o Outro não pode ser, simplesmente, compreendido como uma subjetividade. Dentro dessa noção, não cabe definir os fundamentos do processo transferencial como intersubjetivo[9]. Isso

A criatividade

seria uma psicologização de *Sobórnost*, o que levaria à perda de elementos muito importantes para a constituição de si mesmo. Pensar o homem como um ser criativo que caminha em busca do sentido e compreendendo esse sentido constituindo-se em *Sobórnost*, acontecendo em direção ao Outro, significa compreender que ele não pode ser visto como metamorfose de um organismo biológico. A pessoa não é hipofenômeno do corpo. Ela também não pode ser compreendida como fruto das interações sociais. Tanto uma perspectiva como outra jogam a pessoa para fora de sua condição humana.

O Outro que possibilita a constituição de si não é subjetividade, nem é função psíquica ou social[10]. Isto significa a redefinição ética do lugar do analista.

Florensky[11] (1882-1937) afirma que para o ser humano há três possibilidades fundamentais de existência: *ser Máscara, ser Cara ou ser Rosto*.

Ser *Máscara* é a condição em que o ser humano foi reduzido ao registro social. Ele, dessa forma, é aprisionado na imanência dos códigos sociais. A Máscara assinala a ausência de uma presença. Há uma experiência aqui de um vazio existencial profundo, que vemos mais claramente, no mundo contemporâneo, nos quadros denominados de personalidades simulacro, normóticos ou falso *self*.

Ser *Cara* é estar reduzido a um organismo biológico. Ele é visto e vive como um ente natural, sem sua transcendência originária que lhe daria a possibilidade de pôr, desde sempre, em questão o Ser.

---

9. A intersubjetividade está contida em *Sobórnost*, mas não pode ser considerada o fundamento do homem.
10. Isso não significa que não se exerçam essas funções. O que estou sublinhando é que não são elas que definem a ética do analista.
11. P. Florensky, *Iconostasis*, Crestwood, New York, St, Vladimir Press, 1996.

O *Rosto* assinala a pessoa que, mesmo estando no mundo humano, está sempre para além dele. Possibilidade para aqueles que puderam integrar sua condição de instabilidade por meio do gesto criativo frente ao Outro. O rosto do Outro é transcendência, como afirmou Lévinas[12] (1991). Há ali uma presença que não pode ser reduzida a nenhuma tentativa de captura, quer pela nomeação, quer pelo conceito. O homem-Rosto não pode ser conhecido, só encontrado.

Para Florensky[13] só se podem estabelecer conceitos sobre coisas. O ser humano é um ser que vive em uma situação paradoxal. Por essa razão, para falar de um ser humano é preciso utilizar-se não de conceitos, mas sim de uma linguagem que acolha o paradoxo que é o homem: poesia e literatura. Esse tipo de linguagem permite que se diga algo, ao mesmo tempo em que é mantida uma abertura para o que não se diz.

Na atualidade, é frequente ouvirmos de alguns pacientes o relato de um tipo de sofrimento que é descrito como *sofrimento do totalmente pensado*. As concepções dominantes na Psicologia e na Pedagogia levam a um tudo dizer sobre o ser humano. A pessoa ou o analisando, de antemão, já está totalmente classificada em categorias conceituais, estruturas ou quadros psicopatológicos.

O ser humano acontece no gesto inaugurante acolhido e hospedado pela comunidade humana. Por meio do gesto originário, o ser humano cria o que está ali para ser criado, transforma o mundo em si mesmo; ao mesmo tempo em que rompe o já esta-

---

12. E. Lévinas, (1991) *Entre nós. Ensaios sobre a alteridade*, Petrópolis, Vozes, 1997.
13. P. Florensky, *The Pillar and Ground of the Truth*, New Jersey, Princeton University Press, 1997.

belecido. No entanto, cada ser humano necessita, em outro momento, também criar aquilo que não é ele mesmo. A ação humana acontece entre humanos, cria o si mesmo e o que é não eu. O não eu dá os limites de si mesmo possibilitando que a pessoa experiencie sua existência entre outros. O Outro, assim posicionado, é o limite do si-mesmo, e, ao mesmo tempo, é o espelho que reflete a existência e o reconhecimento de si.

Na medida em que o Outro é o limite do si-mesmo e também o espelho que o reflete, doa ao sentido de si a posição reflexiva[14]. A pessoa pode referir-se a si mesma como um Outro em si. Na posição reflexiva, a transcendência do que se é se re-afirma. O si mesmo está para além do que é visto ou nomeado pela pessoa mesma ou pelo Outro. Há um Outro em si. Fernando Pessoa[15] nos diz:

> Vivem em nós inúmeros;
> Se penso ou sinto, ignoro
> Quem é que pensa ou sente,
> Sou somente o lugar
> Onde se sente ou pensa.
>
> Tenho mais almas que uma.
> Há mais eus do que eu mesmo.
> Existo todavia
> Indiferente a todos
> Faço-os calar: eu falo.
>
> Os impulsos cruzados
> Do que sinto ou não sinto

---

14. Cabe ressaltar que o que está sendo descrito aqui não implica necessariamente em uma identificação com o Outro, mas sim que o Outro, com seu olhar, nos oferta uma posição existencial, não existente anteriormente no sentido de si.
15. F. Pessoa, *Obra poética*, Rio de Janeiro, Nova Aguilar, 1998.

> Disputam em quem sou.
> Ignoro-os. Nada ditam
> A quem me sei: eu 'screvo.
>
> (13-11-1935, p. 291)

A ação empreendida por uma pessoa sempre pode encontrar uma referência para além dela mesma. O sentido de si sempre transborda o gesto realizado. O homem, no mundo contemporâneo, é permeado por uma mentalidade tecnológica, que tem como objetivo fundamental o domínio da existência ou até mesmo do sentido de si. Muitas vezes, em nossa atividade clínica, somos chamados a testemunhar manifestações, experiências, acontecimentos na vida de uma pessoa, em que ela, desesperadamente, procura reafirmar a transcendência de si e de seu gesto para além de qualquer domínio verbal ou tecnológico.

O homem-Rosto é um ser em caminho, é um peregrino do sentido. Compreender o ser humano como Rosto é reconhecê-lo como um tornar-se. Não há chegada, é um tornar-se em contínuo devir. A própria possibilidade da morte implica que a pessoa portou sua singularidade e aconteceu no mundo humano. Os que morreram em *Sobórnost* sempre *estão*. A consciência humana é *Sobornyi*, ou seja, conciliar. Toda ação humana é uma ação de *nós*, a partir do gesto originário que inaugurou o sentido de si e a presença do Outro. Dizer que a consciência humana é *Sobornyi* é afirmar que ela é uma experiência *conciliar,* ou seja, tudo o que uma pessoa faz, tudo o que pensa, tudo o que é, não está referido somente a um indivíduo, mas a todas as pessoas que a constituíram. A fala de um é texto de muitos. Questão que acontece não como resultado das identificações ou introjeções realizadas pela pessoa, mas pelo fato de que ela é constituída como nós. Estamos em registro ontológico! Trata-se do fato de que o ser humano é ontologicamente *nós*!

A criatividade

Na clínica, ao acompanharmos um analisando estamos, ao mesmo tempo, ontologicamente, frente a uma família, a gerações, à comunidade, à humanidade! Respondemos, em nosso ofício, como ser singular, mas pertencentes a uma família, a uma comunidade, à humanidade. A fundação da situação transferencial ocorre, em registro ontológico, em *comunidade de destino*[16]. Há uma questão que abre a situação clínica e que é o ponto de singularização do analisando. Às vezes, somos posicionados como figura do passado, outras como representante do futuro. O trabalho clínico demanda o reconhecimento desses diferentes níveis de experiência, pois a intervenção precisa ser realizada em diferentes momentos do processo segundo o lugar onde o analista foi colocado. Intervimos explicitando quem fala naquele momento da sessão: o analisando? Seus ancestrais? Seus descendentes? O ser humano está sempre na área do paradoxo!

Cada ser humano está, singularizado por uma pergunta, que está presente em seu berço. Ela se esboça desde os primeiros gestos da criança, no movimento que faz em direção ao Outro, nos sentidos que se descortinam. O modo como a questão é encontrada por ela dá a ela seu lugar na vida familiar. As famílias organizam-se ao redor de mitos[17] e estes são constituídos pelas

---

16. O conceito *comunidade de destino* teve sua origem no campo religioso e foi utilizado entre nós no campo da Psicologia Social por Ecléa Bosi. Neste texto, utilizo esse conceito em conexão com a concepção de *Sobórnost*, portanto em registro ontológico, como será discutido mais à frente.
17. Chamo de mito a concepção imagética e linguística por meio da qual as pessoas emprestam ao Ser uma visão sintética e totalizante, na qual as questões da origem e do fim encontram-se submersas na imanência dos registros psíquicos e mentais do ser humano. À medida que o processo de vir a ser se estabelece, o mito ganha estatuto transicional e passa a ser veículo temporário em direção ao mais além.

formulações que, através das gerações, foram feitas por elas, para que seus membros possam lidar com as questões fundamentais que marcaram a história familiar. O bebê constitui-se nesse campo. Ele porta essas questões enraizadas na organização mítica que caracteriza sua família e que se estende a sua comunidade e que, por sua vez, relacionam-se, ontologicamente, às grandes questões de toda a humanidade.

Por essa razão, nosso trabalho demanda, eticamente, a clareza quanto aos diferentes registros que se apresentam frente a nós: o singular e o universal, o eu e o nós. Posicionados, ontologicamente, em comunidade de destino; abertos para a alteridade fundamental que se apresenta na singularidade do outro.

Houve uma paciente que procurou Winnicott em estado de profunda desesperança. Winnicott lhe disse que não via esperança em seu caso, mas decidiu trabalhar com ela. Tempos depois ela lhe disse que a coisa mais importante que ele havia feito foi ter trabalhado com ela, mesmo afirmando que em seu caso não havia esperança. Isso lhe deu a possibilidade de vir a ter esperança. Foi fundamental que um Outro pudesse ter dado rosto à desesperança que ela vivia, ou seja, era importante o analista viver junto dela a desesperança que a atravessava.

Em muitas situações, o gesto suicida é a ação desesperada em afirmar uma existência, pela inscrição trágica de si na memória do outro. Há sempre no desespero vivido pelo indivíduo a expectativa de um encontro que transforme o insuportável em uma experiência que possa vir a ter um sentido e possa vir a ser um *sofrimento*[18].

---

18. Aqui me refiro ao fato de que encontramos na clínica pessoas que não alcançaram a possibilidade de sofrer, vivendo suspensas em um estado de agonia. Sofrer implica em devir, em destinar o vivido.

A criatividade

A ação criativa, por partir de um ser que é originariamente acontecimento inédito, promove uma ruptura no Mesmo[19]. O nascimento humano e a ação criativa humana são rupturas, mas só são constitutivas quando paradoxalmente rompem a história para fazer história, o que só é possível quando ocorrem frente à hospitalidade dos outros. O fato de existir um Outro que acolhe o gesto-ruptura e o compreende como comunicação, possibilita que ele seja *encarnação*, ou seja, o ser humano acontece como corpo que existe para um Outro. É dessa forma que a originalidade nasce na tradição.

Hanah Arendt[20] (1958) nos fala dessa questão, dizendo:

> É da natureza do início que se comece algo novo, algo que não pode ser previsto a partir de coisa alguma que tenha ocorrido antes. Esse cunho de surpreendente imprevisibilidade é inerente a todo início e a toda origem. Assim a origem da vida a partir da matéria inorgânica é o resultado infinitamente improvável de processos inorgânicos, como o é o surgimento da Terra, do ponto de vista dos processos do universo, ou a evolução da vida humana a partir da vida animal. O novo sempre acontece à revelia da esmagadora força das leis estatísticas e de sua probabilidade que, para fins práticos e cotidianos, equivale à certeza; assim, o novo sempre surge sob o disfarce do milagre. O fato de que o homem é capaz de agir significa que se pode esperar dele o inesperado, que ele é capaz de realizar o infinitamente improvável. E isto, por sua vez, só é possível porque cada homem é singular, de sorte que, a cada nascimento, vem ao mundo algo

---

19. Denomino MESMO o campo da imanência total, característica do mundo contemporâneo em que há somente a identidade, determinada de fora do ser humano, a qual todos devem seguir e se identificar. É um campo em que há carência de alteridade e de transcendência.
20. H. Arendt (1958) *A condição humana*. Rio de Janeiro, Forense Universitária, 1997.

singularmente novo. Desse alguém que é singular pode-se dizer, com certeza, que antes dele não havia ninguém. Se a ação, como início, corresponde ao fato do nascimento, se é a efetivação da condição humana da natalidade, o discurso corresponde ao fato da distinção e é a efetivação da condição humana da pluralidade, isto é, viver como ser distinto e singular entre iguais (p. 190-191).

Hanah Arendt ensina-nos que o fato de o nascimento humano ser acontecimento inédito dá ao homem a possibilidade de ter o gesto inédito, de ser singular entre os outros; mas insisto que a possibilidade de convivência com os outros depende da hospitalidade de alguém, esse é o acesso, em meu modo de ver, para a vida em comunidade. Fora da comunidade, a pessoa se sente inexistente e indiferenciada. Nascer é acontecer para o amor de alguém, morrer é deixar de ser amada, em outras palavras, de ser significativa para alguém. Assim sendo, o gesto é criativo, como experiência de liberdade e como ruptura que faz história, quando não precisa destruir o todo. Aniquilar o todo é a suposta e desesperada liberdade do niilismo defensivo. O gesto que é anúncio de si ocorre em *Sobórnost*, com a experiência de acolhimento dentro da comunidade. *Sobórnost* implica a existência de um Outro, que é contemporâneo, mas é ao mesmo tempo história encarnada, é representante dos ancestrais e anseio do futuro.

Como explicitou o paciente que escrevia poesias, apresentado anteriormente neste capítulo, o criativo não é feito para o outro, mas na expectativa de comunicar-se e de ser reconhecido com e pelo Outro. A poesia que o menino fez para a professora não expressava algo significativo dele. A poesia entregue à professora foi entregue à função e não à pessoa da professora. Não há aqui experiência de *Sobórnost*. Podemos perceber por seus comentários, que para esse menino havia a possibilidade de discriminar o que era expressão pessoal do que era simulacro social. No entanto, nem

A criatividade

sempre se encontram, na clínica, pessoas que tenham esse tipo de discriminação. É muito frequente, na atualidade, o aparecimento de pessoas que perderam ou jamais encontraram a experiência pessoal. Com elas o fundamental será, na situação clínica, poder encontrar o reconhecimento do que lhes é singular. A criatividade originária jamais se perde, o que ocorre é que, às vezes, ela se encontra em um registro que nos é surpreendente. Podemos levar anos para localizar a maneira como a criatividade originária de alguém está posicionada. Essa possibilidade não depende só de podermos observar o paciente, mas sim de estarmos com ele em *comunidade de destino*, para que possamos compreender *(comprehensor* – chegar a) sua maneira de colocar-se e de significar sua existência. Uso o conceito de *comunidade de destino* não em seu registro social, o que significaria que só poderíamos dizer que estamos em comunidade ao compartilharmos as mesmas experiências sociais de alguém, tais como a condição operária, a condição de favelado etc. Na situação clínica, estamos em comunidade de destino com alguém quando nos posicionamos solidariamente com nosso paciente frente às grandes questões existenciais peculiares ao destino humano: a instabilidade, a necessidade do outro, a ignorância frente ao futuro, o sofrimento decorrente do viver, a incompletude da condição humana, a solidão essencial, a mortalidade, entre outras. Comunidade é nossa condição originária. Só nascemos em comunidade, somos em comunidade e morremos em comunidade. Desde sempre o ser humano é com o Outro. Se o rosto do Outro não pode ser encontrado como acolhida ao mundo humano, a condição originária aparece como sofrimento infinito, agonia do anseio pelo Outro. A comunidade preexiste e possibilita o nascimento de alguém. A comunidade como simples fenômeno social é máscara do *estar com*. Nesse vértice, *o eu é um Outro!* Somos seres singularizados, mas em nós existem os que nos constituíram. Somos a singularização de toda a humanidade. Somos *Sobórnost!* Como afirma Solovyov (1914)[21]:

> A fim de que seja real, tal ser (o homem) necessita ser ao mesmo tempo um e muitos. Consequentemente, isto não significa ser somente a essência abstraída comum e universal de todos os homens individuais. O homem é uma entidade individual e universal que realmente contém todos os homens individuais em si mesmos. Cada um de nós, cada ser humano singular compartilha e é essencialmente e realmente enraizado no homem universal ou abs*oluto*. (nossa tradução, p.76).

---

21. V. Solovyov, *Lectures on Divine Humanity*, Hudson, Lindisfarne Press, 1995.

Capítulo III
O TEMPO E O GESTO CRIATIVO

> Só o messias mesmo consegue todo advir histórico e precisamente no sentido que só ele o redime, cumpre, consuma sua relação ao messianismo mesmo.
>
> W. BENJAMIN. *Fragmentos teológico-políticos*[1].

Abordar o ser humano a partir do gesto criativo e originário, sob a perspectiva de *Sobórnost*, na qual o Outro ocupa um lugar fundamental na constituição do sentido de si mesmo, nos leva ao vértice em que esse Outro não é só alteridade, mas também um lugar que possibilita a inserção daquele que nasce na história dos ancestrais e no futuro que virá. Dessa forma, a dimensão histórica é necessária para o acontecer humano.

Não se pode abordar a condição humana eximindo-se de pensar o homem em sua historicidade. Isto demanda enfocar a maneira como esse elemento comparece na constituição do si mesmo de uma pessoa e em seu percurso pela vida.

---

1. Citado em J. Marie Gagnebin, *História e narração em Walter Benjamin*, São Paulo, Perspectiva, 1999, p. 93. Nesse mesmo livro a autora, comentando o trabalho de Benjamin intitulado *Por uma Crítica da Violência*, afirma: "*somente a tentativa de parar o tempo pode permitir um outra história vir à tona, a uma esperança de ser resguardada em vez de soçobrar na aceleração imposta pela produção capitalista*" (p. 98).

Todo nascimento humano acontece de modo paradoxal. O nascimento de uma criança promove uma ruptura com o que está colocado no meio ambiente, ao mesmo tempo em que ocorre a transmissão ao bebê das tradições culturais peculiares à sua família. O emergir de uma singularidade demanda a redefinição de tudo o que está posto no mundo por ocasião do aparecimento da criança. Paradoxalmente, ele ocorre como ruptura e, ao mesmo tempo, como encontro com aquilo que lá está. A criação do mundo realizada pela criança por meio de seu gesto e a recepção que ela encontra ofertada por seus pais, possibilitam que ela aconteça em sua historia familiar.

Na constituição do sentido de si é fundamental para a criança estabelecer como parte de si o sentido de temporalidade. Questão que abordei em trabalho anterior[2], no qual descrevi os diferentes sentidos de tempo: tempo subjetivo, tempo transicional, tempo convencionado, tempo compartilhado. Há ainda uma outra tarefa fundamental para todo ser humano, ao lado do estabelecimento do sentido de si como ser temporal: a inserção de si no campo histórico. Do ponto de vista da criatividade originária do ser humano, há, ao lado dos diferentes sentidos de tempo estabelecidos como elementos do si mesmo, três experiências fundamentais de tempo: o tempo cósmico, o tempo histórico, o tempo existencial (ver Berdiaev, 1944)[3].

O primeiro decorre da experiência cíclica natural. Essa experiência pode ser encontrada no ritmo das mamadas, na alternância entre dia e noite, no ciclo das estações, nas diferentes transformações cíclicas encontradas na natureza. Em sua corporeidade, o ser humano experimenta e sente-se aparentado com o tempo cósmico

---

2. G. Safra, *A face estética do self*, Unimarco, São Paulo, 1999.
3. N. Berdiaev, *Slavery and Freedom*, French, New York, 1944.

característico do mundo natural. No imaginário, o tempo cósmico aparece como círculo. Esse tipo de temporalidade foi profundamente abordado pelos gregos em sua concepção de Cosmos. É uma experiência temporal passível de quantificação e mensuração. O tempo cósmico é o campo do aparecimento da angústia de morte no ser humano. É aquele sentido de temporalidade que apresenta ao homem sua finitude.

O homem não é só um ser natural, é também um ser histórico. O tempo histórico, evidentemente está subordinado ao tempo cósmico, mas ocorre de modo diferente deste. Enquanto o tempo cósmico acontece em movimentos cíclicos e rítmicos, o tempo histórico estende-se em direção ao porvir e ao desvelamento do sentido. No campo imaginário ele surge como linha que avança para a frente. O tempo histórico traz o novo, o que ainda não surgiu. Berdiaev (1944) assinala que nessa modalidade de temporalidade há o aparecimento de repetições; no entanto, todo evento no tempo histórico traz algo de inédito. Para o ser humano, ele traz a angústia da determinação. Ver-se como ser determinado historicamente leva o homem a temer por sua liberdade e criatividade. O tempo histórico está conectado ao passado e é constituído pela memória e pela tradição. Ele é ao mesmo tempo conservador e revolucionário. Campo de ilusões decorrentes da idealização do passado (conservadores) ou do futuro (progressistas).

O ser humano tende a sentir o tempo cósmico e o tempo histórico como resistentes a sua criatividade originária. Se o homem sucumbe a essa experiência, tende a achatar-se no Mesmo. O tempo histórico e o tempo cósmico são vividos como avessos à singularidade humana. Um e outro são vividos como obstáculos para que o ser humano experimente a si mesmo como um ser de liberdade. Liberdade, aqui, é compreendida não como fenômeno relacionado à escolha, mas com a possibilidade da pessoa poder por meio de sua criatividade destinar-se ao futuro. Diz-nos Bultmann[4]:

> [...] a principal característica do Ser do homem é a angústia. O homem existe em permanente estado de tensão entre o passado e o futuro. A cada momento ele é confrontado com uma decisão: submerge a si mesmo no mundo concreto da natureza, e assim, perde sua individualidade, ou abandona toda a segurança e se compromete, sem reservas, com o futuro; somente dessa forma alcança a autenticidade de seu Ser (p. 24-25, nossa tradução).

A partir dos elementos que o singularizam, o ser humano pode destinar-se ao futuro, colocar-se em trânsito, experiência de trânsito, experiência de transicionalidade. O que possibilita a aparição de um estilo de ser e de um vocacionar-se em seu caminhar pela vida em direção ao fim.

Como filho do tempo cósmico o homem estaria reduzido a um ente natural. O que ocorreria seria não tanto o aparecimento de um ser singular, mas sim de um indivíduo natural. Ser filho do tempo histórico levaria o homem a ser simples fenômeno social, fruto da imanência do mundo social, falso *self*, tendo no lugar do rosto uma máscara. Tanto uma possibilidade quanto outra nos apresentariam o ser humano como fruto de determinações, naturais ou sociais. O homem é dessa forma um ser passível de ser explicado. Compreender o homem como ser criativo é vê-lo não como fruto de determinações naturais ou sociais, mas como acontecimento, como aparição. Os elementos sociais e naturais são campos que se organizam como estilo, a partir do nascimento e do gesto que nos apresentam cada ser humano como inédito.

---

4. R. Bultmann, *Kerygma and Myth*, New York, Harper Torchbooks, 1961.

O tempo do gesto criativo é o tempo existencial. O tempo histórico-social apresenta a experiência humana em termos de presente, passado e futuro. O tempo existencial supera essas noções e coloca a experiência humana em um para além. É a experiência vivida em um Agora, que não tem como referência, necessariamente, o passado ou o futuro, mas é vivenciado como um eterno. Diz Regina[5] (1988):

> No instante, o homem pode subtrair-se à tentação evasiva e concentrar-se no significado eterno que pode conferir a cada instante. O instante leva, portanto, a uma escolha: ou se procura no tempo pelas utopias e pelas nostalgias, uma alternativa para a tarefa, ou então se faz dele a mesma interpretação que a eternidade nos dirige sobre o sentido da vida... O instante que se repete é o pórtico através do qual o sentido investe o idêntico transfigurando-o (p.125).

No tempo existencial o gesto ocorre em um campo em que a experiência parece eternizar-se. Experiência paradoxal em que o finito abriga o eterno. É o tempo como Kairós ($\kappa\alpha\iota\rho o\zeta$). O tempo cíclico e o tempo histórico são os campos das noções de sujeito e objeto, de causa e efeito. O tempo existencial é o campo do paradoxo. Na obra de Winnicott, o que estou chamando de tempo existencial ocorre como experiência no *espaço potencial* [6]. Quan-

---

5. U. Regina, *L'Uomo Complementare. Potenza e Valore nella Filosofia di Nietzsche*, Brescia, 1988, p. 66. In: B. Forte. *À escuta do Outro. Filosofia e revelação*, São Paulo, Paulinas, 2003, p.125.
6. O conceito de *espaço potencial* em Winnicott refere-se à terceira área da experiência, entre o subjetivo e a realidade compartilhada. O espaço potencial é herdeiro do desinvestimento do objeto transicional. (Ver: D. W. Winnicott. (1951), "Objetos e fenômenos transicionais". In: *Textos selecionados, da pediatria à psicanálise*, trad. de Jane Russo, 4. ed., Rio de Janeiro, Francisco Alves, 1993.)

do uma criança brinca ou uma obra de arte é contemplada, o tempo natural e o tempo histórico são superados.

O tempo existencial, para que possa ser possibilidade na vida de alguém, precisa ocorrer pelo gesto criativo acontecido com ou frente ao Outro. O gesto que não encontra o Outro joga o ser humano na experiência do tempo infinito. O tempo existencial é experimentado como eterno e como *qualidade*. A experiência do tempo infinito é vivida como *quantidade* insuportável, agonia impensável.

Quando uma pessoa está jogada na experiência de tempo infinito, o anseio mais frequente é pelo fim. A morte é desejada, pois nesse estado ela significa escapar do infinito terrivelmente quantificado. Na experiência vivida como qualidade, a do eterno, o homem pode destinar a situação, ou seja, ela estará subordinada a sua criatividade, enquanto no tempo infinito o ser humano é atravessado pela agonia infinita e dessa forma é vivida como quantidade.

O ser humano tem necessidade de que seu gesto criativo possa ser reconhecido, originariamente, como expressão de um ser singular por um Outro, como ação que rompe com o estabelecido, ao mesmo tempo em que traz a esperança da continuidade da vida e dos anseios de todos pelo futuro. A cultura é preexistente ao nascimento do bebê, mas, por meio de seu gesto, a criança a re-posiciona segundo sua maneira de ser. Esse fenômeno dá a ela a possibilidade de alcançar a singularidade e encontrar um lugar para as coisas, os diversos artefatos culturais, que estejam relacionados a suas características. Ela se apropria da linguagem como experiência pessoal. Não há, por exemplo, a criação do objeto transicional se a criança não se sente permitida a retirar a fralda ou qualquer outra coisa de sua posição originária, para dar a ela um outro estatuto. A fralda, antes instrumento de cuidado, passa a ser "papinho", coisa animada. Diz Forte[7] (2003, p.66) *A de-cisão implica o ato de cortar fora, do tomar posição concretamente, do sair-de*.

A criatividade humana, por ser ação no mundo e para além do mundo, faz com que o ser humano seja sempre um ser fronteiriço, em estado de precariedade originária, em que qualquer ação seja sempre transição. O fato de essa transcendência originária ser elemento fundamental da condição humana faz com que todo ser humano esteja continuamente originando novos sentidos, ao mesmo tempo em que lança o próprio sentido de si em devir.

É por meio desse re-posicionamento do preexistente que o homem se insere na história humana; a cada momento de seu percurso, em que a criatividade humana acontece, o mesmo fenômeno ocorre. O ser humano em seu devir é contínua criação de sentidos, tende para aquela que é a sua concepção sobre o sentido último da existência. Esse sentido último é, para sua singularidade, seu sonho pessoal sobre o fim da história. Berdiaev[8] (1944) afirma:

> Eu gostaria de abordar o problema filosófico do fim da história. Nessa perspectiva, o paradoxo do tempo consiste em que o fim da história é pensado como ocorrendo no tempo, sendo que o fim da história é o fim do tempo, isto é, o fim do tempo histórico. O fim da história é um evento no tempo existencial. Concomitantemente, precisamos pensar que esse evento não ocorre fora da história. O fim da história, que é realizado no tempo existencial, acontece, simultaneamente, "num outro mundo" e "nesse mundo". O fim da história não pode ser objetificado

---

7. B. Forte, *À escuta do Outro. Filosofia e revelação*, Paulinas, São Paulo, 2003.
8. N. Berdiaev, "TIME", *Russian Philosophy*, vol.III, "Pre-revolutionary Philosophy and Theology. Philosophers in Exile. Marxists and Communists", University of Tennessee Press, James M. Edie. Knoxville, 1976.

e isso é o que torna difícil de entender e de explicar. Tudo o que é importante ocorre em tempo existencial e aparece como um paradoxo no tempo histórico (p. 219, nossa tradução).

No berço do bebê há uma questão fundamental sobre a existência humana, que dá a ele a oportunidade de iniciar seu processo de singularização. Cada um de nós é uma pergunta em gesto, que nos permite ter rosto. A questão outorgada ao bebê é transgeracional. Podemos reconhecer, na maneira como ela é veiculada, a singularidade de alguém e também sua linhagem transgeracional. No entanto, essa questão assinala, simultaneamente, um registro universal da experiência humana, pois aborda os problemas fundamentais da existência do homem. É por essa razão que se pode afirmar que todo ser humano é a singularização da história de toda humanidade.

Na clínica, ao acompanharmos alguém com sua história singular e ao vislumbrarmos uma questão que atravessa gerações na família dessa pessoa, testemunhamos o re-posicionamento de uma questão que é universal, pertencente a todo ser humano. Assim sendo, o analista ao mesmo tempo em que experimenta a alteridade na presença de seu analisando, vive com ele uma *comunidade de destino*, pois compartilha com ele as grandes questões do destino humano. O lugar do analista demanda alteridade e comunidade, essa é a ética analítica em *Sobórnost*.

Um gesto que se inscreve em comunidade de destino, experiência de *Sobórnost*, permite que a pessoa possa colocar a questão que o habita em gesto, podendo assim dar a ela um destino. Uma tarefa importante, na clínica, é reconhecer o gesto que parte da questão originária, para auxiliar o paciente a portar o que o singulariza. Destinar é sonhar com a possibilidade de responder a essa questão. Esse é o sonho utópico, sonho do fim da história, existente no coração de cada ser humano. A utopia aqui é necessária e corresponde à possibilidade de o ser humano habitar no tempo, aberto para a *esperança* pelo futuro.

Reconhecem-se no processo de singularização de alguém e em seu caminhar pela vida dois polos: o originário que surge como questão e o fim último ou sonho da questão respondida. Cada ser humano acontece entre esses dois polos, sempre debruçado do originário ao fim último. Por essa razão pode-se afirmar que todo ser humano faz uma ontologia e uma teleologia; concepções para além do tempo, na maior parte das vezes não conscientes para a pessoa, mas que ressoam em seu gesto, em seu discurso, em seu modo se ser.

A questão originária de uma pessoa não muda, é a mesma ao longo da vida, mas é re-posicionada a cada momento da existência do indivíduo. Há um momento bastante importante na vida de alguém ou no processo analítico, se bem sucedido, que ocorre quando a pessoa se acolhe e se assenta na questão que a singulariza. Nesse momento, há um apropriar-se de seu estilo de ser e do vértice peculiar que ela possui sobre a condição humana. É nesse ponto que o ser humano se apossa de sua vocação e insere o inédito, decorrente de sua forma de ser, na história humana. A entrada na história vem de um mais além da história mesma, ao mesmo tempo em que se integram à ação da pessoa as influências que recebeu de seus ancestrais. *Seu gesto se faz necessariamente político!* A ação política rompe o estabelecido e re-inicia a história. Ao tomarmos a biografia de alguém pode-se reconhecer que sua vida foi um embate para responder a uma única questão, que jamais foi respondida, mas que possibilitou que o indivíduo alcançasse um saber sobre a condição humana. Assim vemos acontecer o fenômeno descrito por Bion[9], em que a verdade aparece como um saber sem autoria, pois o ser humano é *visitado* pelo conhecimento, por meio de seu percurso.

---

9. W. Bion, *Atenção e interpretação*, Rio de Janeiro, Imago, 1973.

Em cada sessão, ao acompanharmos nosso paciente, compreendendo que ele faz uma ontologia e uma teleologia pessoal, compreenderemos que em seu jogo, em sua fala e em seu sonho apresentam-se um passado com sua questão originária e um futuro como pressentimento de si.

Quando o ser humano se apropria de sua questão originária ocorre o estabelecimento de uma serenidade. É possível, então, o sonho com a morte sem aflição, pois ela é vivida como parte integrante do próprio percurso. Tendo havido um caminhar pessoal e uma inserção de si no mundo humano, torna-se possível vislumbrar a saída do mundo humano. *Aconteceu!* A morte é terrível quando é vista como um impedimento da possibilidade de a pessoa se destinar. Dessa forma, é vista como interrupção e não como fim de um percurso.

Nesse ponto pode-se retomar a frase de Benjamin, pois o fim último sempre tem um caráter messiânico para o ser humano. No estudo da religiosidade do ser humano, observa-se que sua teleologia funda, frequentemente, uma teologia, a qual na maior parte das vezes nada tem a ver com a religião ou com o ateísmo que a pessoa diz professar. O fim último é concebido como a interrupção da história, momento em que a pessoa pode afirmar que aconteceu e que realizou seu destino. A pessoa, dessa maneira, fez e narrou uma história: a sua e a da comunidade na qual nasceu. A narrativa aqui não é aquela que determina mentalidades e que oprime a diversidade, mas é o surgir da alteridade e do inédito. Benjamin[10] (1936) nos fala dessa narrativa que é uma forma de resistência, ao comentar a obra de Nikolai Leskov.

---

10. W. Benjamin, (1936) "O Narrador, considerações sobre a obra de Nikolai Leskov", *Walter Benjamin. Obras escolhidas. Magia e técnica, arte e política*. São Paulo, Brasiliense,1994.

Em um de seus contos, "O Anjo Selado", Leskov[11] (1873) fala do momento em que ocorreu na Rússia uma transição problemática, quando Pedro, o Grande, decidiu que a Rússia precisava ocidentalizar-se. Para isso, decretou algumas reformas nos costumes do povo russo e, entre elas, algumas na estrutura da Igreja Ortodoxa Russa. O que acarretou um cisma na Igreja, surgindo o grupo dos assim chamados *velhos crentes*, que eram resistentes à reforma. Esse grupo foi considerado ilegal pelo governo, e suas obras, entre elas, seus ícones, foram proibidos. O conto de Leskov narra a história de um ícone pertencente aos velhos crentes que havia sido confiscado, o anjo pintado no ícone teve o rosto selado! O conto aborda os embates para que o ícone pudesse ser recuperado por seus proprietários originais e para que se retirasse o lacre do rosto do anjo.

O conto é belíssimo e podemos utilizá-lo como metáfora da condição humana no mundo contemporâneo, em que temos o rosto, o *ethos* humano, selado na mentalidade do Mesmo. No mundo contemporâneo, em que se testemunham novas formas de subjetivação com o aparecimento de novas modalidades de sofrimento humano, é fundamental que se re-instaure a ética, como instrumento de cura do ser humano. Esse processo é resgatado pelo re-encontro do paciente com seu próprio rosto, que se desvela por meio do gesto criativo que acessa o tempo existencial. O tempo natural ou o tempo histórico é rompido no instante que acolhe o eterno. Nas palavras de Forte[12] (2003):

> Na verdade, o instante não escapa à tirania do tempo até o momento em que se faz espaço de uma decisão que liberta a

---

11. N. Leskov, (1873) *The Sealed Angel and Other Stories by Nikolay Leskov*, Knoxville, The University Press, 1984.
12. B. Forte, *À escuta do Outro. Filosofia e Revelação*, Paulinas, São Paulo, 2003.

identidade do encarceramento de si mesma e abre-se o advento puro e forte da Alteridade: mas essa é a decisão pelo Outro que visitou o tempo, a hora da graça, o καιροζ. (π.130)

Capítulo IV
OS OBJETOS E AS COISAS

> *Para os nossos antepassados havia ainda um lar, um poço, uma torre familiar e simplesmente suas próprias roupas ou casacos. Quase tudo era um continente, em que tiravam algo humano, ou investiam ou guardavam algo humano. Coisas animadas participam em nossas vidas, desaparecem e não podem ser substituídas. Talvez sejamos os últimos a conhecer tais coisas. Nós temos a responsabilidade não só de guardar suas memórias e suas dignidades humanas e divinas como deidades domésticas. Nossa meta é aceitar essa terra perecível e transitória com tal profundidade, com tal paixão e tal sofrimento que sua essência de forma invisível ressuscitará em nós novamente.*
>
> RILKE[1]

A relação com as coisas é fundamental para o ser humano. A cultura russa tem muito a nos ensinar sobre esse aspecto necessário à condição humana, pois o povo russo tem uma relação atávica com a terra. A terra é equiparada à mãe de todo povo. O trabalho, ação criativa do ser humano, transforma a terra em coisas que habitam o lar do homem.

---

1. R. Rilke, "M. Letter to V. Von Gulevich, 13 XI 1925", *Letters of Rainer Maria Rilke 1910-1926*, W.W. Norton & Company, 1969.

Não é sem razão que a concepção grega sobre a arte, por meio dos ícones, se desenvolveu tão amplamente na Rússia. Já existia, nesse país, um tipo de ligação especial com a terra, a materialidade, e com as coisas, que facilitou a assimilação da sacralização das coisas que o cristianismo grego apresentava com a noção dos ícones. Os ícones, imagens pintadas com pigmentos naturais sobre um pedaço de madeira, assinalavam a sacralização da materialidade do mundo por meio da encarnação do Cristo.

Esse é o paradigma da noção de coisa na Rússia, que funda um posicionamento do povo avesso a qualquer noção de espiritualidade desmaterializada. No Ocidente desenvolveu-se uma concepção em que a materialidade foi considerada nociva ao desenvolvimento da espiritualidade humana. O temor seria da reificação do ser humano. No entanto, não é a coisa que achata o homem em um processo de reificação. A coisificação do ser humano é decorrente das ações humanas. Esse antimaterialismo foi um dos responsáveis para o desenvolvimento do fetichismo comercial entre nós, pois nos levou à ignorância sobre a coisa e seu lugar no *ethos* humano. O sagrado demanda a presença do material, a presença do corporal, a presença da terra. A terra espera o gesto humano para alcançar seu real estatuto ontológico. Dessa forma, há uma estreita relação entre a vida humana, o gesto e as coisas. O homem com sua ação, com sua criatividade, desvela e outorga significado às coisas. Elas, por sua vez, abrem no espaço humano a memória da terra, do trabalho e do Outro (*Sobórnost*). As coisas resistem ao esvanecimento da significação da vida humana, qualidade fundamental em um mundo com temporalidade acelerada. As coisas têm significação, pois cada uma delas é um ícone[2] do trabalho humano, das gerações que se sucedem, do Outro.

> 2. O ícone não é sinal! Seu estatuto é paradoxal, pois é coisa e ao mesmo tempo *presença* do Outro. Na atualidade é comum o uso da palavra

Há um paralelismo entre as noções de pessoa-indivíduo e as noções de coisa e objeto. Indivíduo é o homem concebido, simplesmente, como um ser da natureza, sem raízes em *Sobórnost*, capturado na imanência do mundo, sob o domínio do Mesmo. A pessoa assenta-se em *Sobórnost*, ou seja, vive em companhia dos outros homens, dos contemporâneos, dos ancestrais, dos descendentes. A pessoa vive no mundo, mas seu rosto porta o que não pode ser decifrado ou nomeado, está para além do mundo e do dito, é um ser singular. A palavra que designa coisa em russo é *vechy*, cuja etimologia remete ao significado de *mensageiro*, de *profecia* (*veschat:* profetizar). A coisa é mensageira do Outro, mensageira do Ser. Epstein[3] (1995) afirma que *ouvir a voz contida na coisa, profetizando do abismo do que ela é, é compreender a coisa e nós mesmos* (p. 255). A coisa ao deixar de ser mensageira, não mais traz ao ser humano a mensagem do Ser, dos outros homens e do divino. Ela perde seu estatuto e se objetifica. No momento em que uma coisa está objetificada, o ser humano perde, em sua relação com ela, a abertura necessária para sua historicidade. O objeto pode ter sua funcionalidade, sua estética, estando pronto para ser consumido, mas perdeu sua posição de mensageiro. O objeto tende a levar o ser humano para o desenraizamento de seu *ethos* ($\eta\theta o\zeta$). Cada coisa objetificada tende a levar a um maior adoecimento do ser humano, pois a coisa que perde seu significado coloca o homem em ruptura com o entorno que o sustenta. No entanto, um objeto no convívio com alguém pode vir a alcan-

ícone para fazer referência a uma imagem de consumo ou idealizada. O ícone é o avesso disso, pois é sempre janela para o além do mundo, lugar da alteridade!

3. M. Epstein, *After the future. The paradoxes of postmodernism & contemporary Russian culture*, Amherst, The University of Massachusetts, 1995.

çar um significado lírico, pois a relação pessoal que alguém pode vir a ter com esse objeto lhe dá o estatuto de coisa. Há uma relação profunda entre o homem e as coisas, que o mundo contemporâneo esqueceu.

As coisas, quando preservadas em seu registro ontológico originário, não só dão durabilidade ao mundo humano, mas também permitem que o meio ambiente humano possa ressoar em significações. Assim sendo, o cotidiano se povoa por meio das coisas, com a presença de muitos, com a presença do Outro. O mundo constituído por coisas, que são memória presentificada e abertura para o *ethos*, permite que o ser humano se reencontre em cada uma delas por meio do tocar, do olhar e de seu convívio com elas. As coisas preservadas em sua ontologia curam o homem.

Do ponto de vista ético ($\varepsilon\theta o\varsigma$), o homem tem responsabilidade pelo outro, e pelo mundo em que vive, pela natureza e *pelas coisas!* Uma afirmação como essa soa para nós, no mundo ocidental, pouco familiar. O mais comum entre nós é o reconhecimento da ética em relação ao outro ser humano e ao mundo natural. Somos esquecidos do lugar e dos efeitos das coisas sobre nós. No campo psicanalítico, por exemplo, voltou-se o olhar para as coisas com a contribuição de Winnicott sobre o *objeto transicional*. A partir desse conceito passamos a reconhecer o estatuto da coisa na constituição do sentido de si, mas ela é mais do que isso.

Temos a concepção de museu como um lugar em que se preserva a memória por meio das coisas. Há diferentes tipos de museus: aqueles que guardam tesouros, aqueles que guardam relíquias (coisas referidas à vida de alguém), e aqueles que guardam coleções de coisas consideradas importantes. No entanto, assim que as coisas são colocadas em exposição saem do convívio com os seres humanos. As coisas necessitam conviver com os homens a fim de manterem seu estatuto e continuarem a ser banhadas em sentidos e significações. Uma coisa está sempre relacionada a alguém; o objeto é impessoal, definido por sua funcionalidade, por ser um signo ou por sua estética. A coisa tem importância em si mesma e não por representar algo. Elas estão à mão e abrem diferentes possibilidades de se estar no mundo e de se conceber a vida. Relacionam-se com os fundamentos do humano (*Sobórnost*) e, como diz Rilke, na epígrafe deste capítulo, apresentam a face do divino no mundo. Como diz Adélia Prado[4] (1991): *toda coisa é a morada da poesia.*

Compreender que a coisa cura o homem em seu *ethos* ($\eta\theta o\varsigma$) é importante para a situação clínica, pois a inserção de uma coisa no espaço de vida de alguém pode ser fundamental para a superação de seu adoecimento, aspecto que pode ser estranho para alguns psicanalistas, para quem a cura se faz pelo falar. Mas a Realogia (saber e estudo sobre as coisas) assinala a possibilidade de se colocar uma coisa no espaço vital de alguém e isso permitir que ela possa re-encontrar as dimensões mais fundamentais de suas raízes e de sua origem. Em trabalho anterior[5] (1996) relatei um caso em que a cura psicanalítica aconteceu pela intervenção feita pela analista por meio de uma coisa, apresento-o novamente:

> Uma senhora com idade ao redor de sessenta anos procurou análise por estar deprimida e sem ânimo. Tratava-se de um estado psíquico que experimentava há muitos anos. Era de origem europeia, tendo vivido os horrores de uma guerra mundial, quando perdeu entes muito queridos. Imigrou para o Brasil e ao longo dos anos estruturou um quadro melancólico que se cronificou.

---

4. A. Prado, *Poesia reunida*, São Paulo, Siciliano, 1991.
5. G. Safra, "A vassoura e o divã", *Percurso. Revista de Psicanálise*, ano IX, n. 17, 2º semestre de 1996, p. 69-74.

Inicia sua análise com uma analista com a qual estabeleceu um vínculo de confiança. As sessões eram invadidas de tédio e depressão. A paciente queixava-se dizendo sentir-se empobrecida, sem recursos para nada. A analista procurou ao longo do processo analisar a melancolia e os dinamismos de sua hostilidade. Com frequência referia-se ao passado com nostalgia, pois lhe parecia que aquela época era mais rica e mais cheia de vitalidade. Vitalidade e riqueza que pareciam estar perdidas para sempre.

Algumas vezes, ao referir-se ao passado, lembrava de experiências que havia tido com sua mãe fazendo comida; uma panela de cobre era o elemento que apresentava e aglutinava essas recordações.

A analista, certa vez, viu uma panela de cobre em uma loja e, ao lembrar de sua paciente, resolveu comprar o objeto para dá-lo à paciente em uma ocasião propícia.

Aproximou-se o dia do aniversário da paciente, sempre com as associações nostálgicas e sem vida. Na sessão próxima ao aniversário, a analista ofereceu à paciente, como presente, a panela de cobre que havia adquirido. A analisanda surpreendeu-se com o objeto, demonstrando alegria e encantamento pelo presente recebido.

Estabeleceu-se ali um momento de vivência estética restabelecendo a experiência de ilusão. A paciente reencontrava através da situação transferencial com o objeto apresentado, seu passado, a presença afetiva de sua mãe, sua capacidade criativa conjugada com sua feminilidade, e aspectos de sua cultura de origem.

Esse foi um momento transformador dentro do processo analítico. A partir desse ponto, a paciente usou a panela para organizar jantares com seus amigos, gradualmente sentia-se mais segura e esperançosa para lidar com seu cotidiano. Começou a vestir-se com mais cores, sentindo prazer com sua feminilidade. Resolveu viajar para seu país de origem, quando visitou os lugares de sua infância e seus antigos conhecidos. Reencontrou-se em sua história, e voltou ao Brasil não mais idealizando seu passado, mas feliz com sua vida na atualidade.

Os objetos e as coisas | 93

Toda coisa é passível de ser "lida" no que ela veicula como possibilidade de estar no mundo, não só por uma apreensão fenomenológica hilética[6], mas também pelo fato de que quem a fez deixou nela certa maneira de estar no mundo, uma concepção de vida e um estilo de ser.

Do ponto de vista da clínica, para que se possa realizar uma intervenção por meio de uma coisa, é preciso não só reconhecer a mensagem que ela veicula, mas também a partir da compreensão do idioma pessoal (ver próximo capítulo) do analisando, poder escolher a coisa que seja aparentada a ele. Uma coisa tem vários registros: *o étnico, o estético, o ontológico, o teleológico, o social e o lírico*. Quando abordamos uma coisa do ponto de vista do *ethos* humano, podemos reconhecer que ela é significativa por todos esses registros.

O registro *étnico* apresenta as características sensoriais e culturais que caracterizam um determinado povo, uma determinada comunidade, por exemplo, cheiro, gosto, cor, ritmo. Nele encontramos os elementos mais fundamentais na constituição do si mesmo. Ele é o registro mais resistente e guarda a memória do lugar que foi a morada originária de uma pessoa. Nesse registro o lugar é o si mesmo!

O *estético* apresenta uma configuração no campo sensorial, que pode estar aparentada com o estilo de ser de alguém. A composição estética está diretamente relacionada ao idioma de uma

---

6. Edith Stein, seguindo os ensinamentos de Husserl, trabalha profundamente o conceito de hilética. Para esclarecer sua posição usa o exemplo do granito dizendo que ele traz ao ser humano em seu registro hilético a experiência de estabilidade e de perenidade. Não se trata, segundo ela, de que o usamos para criar uma metáfora, mas a metáfora decorrente dele funda-se na experiência hilética.(Ver: E. Stein, *Philosophy of Psychology and Humanities*, Washington D.C., ICS Publications, 2000.)

pessoa. Aqui é preciso distinguir o registro estético que é aparição, do estilo pessoal daquele que é decorrente da estética massificada e impessoal. Esse fenômeno é comum em nossa época. A estética massificada nada tem de pessoal e de revelação do estilo de ser de alguém. Trata-se de um uso espúrio do estético que encerra o ser humano em um mundo bi-dimensional, com total ausência de transcendência. Evidentemente com esse uso a coisa torna-se objeto de consumo e perde seu estatuto ontológico. A utilização do registro estético massificador acontece por razões econômicas e políticas, pois esse registro seduz a pessoa com grande facilidade, tornando-a esquecida dos aspectos fundamentais da existência humana.

O registro *ontológico* refere-se a certa maneira de estar colocada na coisa uma concepção sobre a origem do mundo. Para o ser humano tudo se inicia e se finda. Todo acontecimento busca sua finalização. Somos seres que em tudo o que realizamos concebemos uma origem, sempre com uma qualidade mítica. Nossas concepções sobre a origem costumam ser inconscientes e as coisas que usamos para compor nosso mundo guardam em si nossas concepções sobre o originário.

O registro *teleológico* está presente nas coisas na maneira como nelas está situado o que foi concebido como o fim último. Assim como sempre concebemos uma origem mítica, também concebemos um fim mítico, fenômeno, por sua vez, na maior parte das vezes, inconsciente. Nossa concepção sobre o fim último desenha o sentido de nosso gesto e de nossa existência. As coisas colocadas em nosso cotidiano não só sustentam nossos sonhos sobre a origem, mas também o fazem em relação ao fim último.

O registro *social* aparece pela significação que uma coisa tem na rede das relações interpessoais, no campo da existência comunitária e em seu valor para o grupo. Em nosso tempo, o registro social costuma ser hiperenfatizado, quando a coisa se degrada em emblema de *status* social. É o objeto emblemático que com frequência está locado no ambiente das personalidades falso *selves* ou simulacros.

O registro *lírico* refere-se ao fato de a coisa ganhar significação por participar da vida de uma pessoa, adquirindo dessa forma uma ressonância poética.

Ilya Kabakov[7] fundou na Rússia um museu de objetos líricos com o fim de resistir à contínua degradação da coisa em nossa sociedade de consumo. Um objeto pode ser restituído ao estatuto de coisa pela relação pessoal com alguém. Nesse museu as pessoas eram convidadas a levar um objeto de seu uso doméstico e escrever seu testemunho em relação à razão de sua escolha e também comunicar como concebiam as coisas. Houve muitos testemunhos interessantes, deixados por pessoas que visitaram o museu e que evidenciaram o estatuto da coisa como mensageira. Entre eles destaco os seguintes:

1. Tudo o que temos é feito de coisas, enquanto elas nada têm. As coisas não são capazes de querer ou de tomar nada de nós... Um animal pode ter uma cova, uma planta tem o solo, mas as coisas, nada. São os verdadeiros "nada-ter". Ao estar disponíveis para serem nossas possessões, elas nos ensinam a não possuir.

2. O ser humano é chamado não para amontoar uma fortuna em coisas e nem para recusá-las. Somos chamados para estar com elas e compartilhar com elas a qualidade de seu silêncio, sua falta de malícia, sua impassividade, sua liberdade do invejar.

---

7. A. M. Pogacar, "Introduction to a Lyrical archive: Object and Text in the Suspension of Emotion", *Symposion. A Journal of Russian Thought*, Los Angeles, Charles Schlacks Publisher, University of Southern California, vol. 2, 1997, pp. 38-52

3. Uma planta é mais quieta e obediente que um animal, uma coisa é mais quieta e obediente que uma planta. O sentimento de paz e quietude que experimentamos na floresta ou no campo pode ser mais profundo em meio a uma reunião de coisas. Precisamos nos comportar em presença delas, como fazemos ao lado de uma criança adormecida, ouvindo em silêncio... Não seria a materialidade um outro nome para destino, que a coisa aceita e sustenta melhor do que os humanos o fazem?

4. O mundo das coisas é um monastério, mergulhado no silêncio e na paciência, no qual as pessoas vêm e vão, em peregrinação, aprendendo obediência.

5. Vemos que não é só para o uso que as coisas são ofertadas ao homem, mas também para a aprendizagem. Nós aprendemos com aqueles que nos servem. Quando recebemos algo bom das coisas, nós precisamos percebê-lo como um ato de generosidade, decorrente da injunção de levar em frente seu serviço no mundo humano. Só assim uma coisa poderá revelar sua natureza oculta de mansidão, a Palavra sem voz, incansavelmente nos ensinando (Epstein, 1995, p. 276-277, nossa tradução).

São vários registros que coexistem em uma coisa e, ao convivermos com ela, somos banhados por essas diversas possibilidades. A fim de que possamos, no campo da Realogia, estudar os diferentes registros de uma coisa, é necessário sabermos no ambiente de quem estaria colocada e de que forma. Toporov[8] (1983) afirma que *no espaço, coisas iluminam um paradigma particular que elas em si mesmas representam, e sua ordenação representa um syntagma, isto é, um tipo de texto* (p. 279-280, nossa tradução).

Vejamos alguns exemplos das significações da coisa:

8. V. N. Toporov, "Space and Text". I*n: Text: Semantics and Structure*, Moscou, T. V. Tsivian, Nauka, 1983. Citado por M. Epstein, *op. cit.*

1. *O samovar*: era fundamental na vida do povo russo. Tolstoi dizia que era incapaz de escrever sem que um samovar estivesse borbulhando (registros étnico e lírico) em casa. Ele é feito de metal: latão, bronze, cobre ou prata. Evidentemente, o material utilizado em sua confecção indicava a posição social de seu dono (registro social). O samovar é preenchido com água e em seu interior há um compartimento em que se coloca carvão em brasa para aquecê-la, o que faz com que emita uma sonoridade decorrente do borbulhar da água fervida em seu interior. Em seu topo, assenta-se um bule com chá concentrado que é misturado à água quente quando se vai tomar uma xícara de chá.

Durante os vários períodos em que aconteceu a imigração da população russa para a Europa, os imigrantes sempre levavam o samovar. Era impossível deixá-lo. Ele apresentava o registro étnico por meio do sabor do chá, o cheiro do carvão, a sonoridade da água fervendo. Ao mesmo tempo, era um símbolo importante de *Sobórnost*. Ele era colocado no meio da mesa e as pessoas sentavam-se em volta. Nas tardes frias, conversavam com o aquecimento do samovar. Ele posicionava sua potencialidade ontológica e teleológica ao congregar, em convidar à vida comunitária (*mir, origem e fim*). Na poesia e na literatura russa o samovar é equiparado ao coração da casa.

2. *Um boneco Pinóquio.* Refere-se à história de Pinocchio de Carlo Collodi, boneco de pau que, após passar por inúmeras aventuras, conquista a possibilidade de ser um menino de carne e osso. É uma história que assinala como alguém chega à possibilidade de vir a ser gente. É a história de um boneco, mas é a historia de todo ser humano. Ao colocar-se um boneco desse tipo no meio ambiente, convida-se, também, a pessoa a ser Gepeto, para que, ao interagir com ele, o anime com sua imaginação. Por sua história é uma oferta ao fenômeno transicional, pois se transforma um boneco,

com a imaginação e com o brincar, em algo vivo. Tem sua dimensão étnica, pois é uma imagem que faz referência à cultura italiana. Pinóquio apresenta uma dimensão importante do *ethos* humano, pois, como ele, todo ser humano, em certa perspectiva ontológica e teleológica, necessita fazer a travessia da natureza para o humano.

3. *Um coelhinho de pano usado.* O coelhinho pertenceu a uma criança, foi seu objeto transicional. Apresenta de forma simplificada o rosto humano. Está entre o humano e o animal. Convida ao toque, pois é macio (registro estético), aspecto fundamental em uma determinada idade, quando macio é amor. Para nós, pode vir a ter uma qualidade lírica; para uma criança foi um objeto que possibilitou a fundação de um sentido de realidade. Ele está marcado pela vida de alguém que o criou para se constituir. Ele sujinho e babadinho, adquire a dimensão lírica.

4. *Vaquinha de pelúcia usada para propaganda de leite.* É um objeto curioso, pois é concebido para seduzir. Como o coelhinho, por sua maciez convida ao toque e faz referência à ternura e ao amor no registro da sensação. Mas, ao mesmo tempo, veicula a marca de um produto comercial. Pretende-se tornar um objeto transicional em garoto-propaganda. O elemento que poderia levar a uma experiência de si é concebido para seduzir o consumidor. No entanto, recebi um objeto como esse como presente de uma senhora, que colecionou as embalagens do produto necessárias para conquistar o brinde e o deu a mim. O gesto dela tornou a vaquinha um objeto lírico. A criatividade humana tem a possibilidade de re-situar as coisas.

5. *Caixinha de bonecos da Guatemala.* É uma caixinha artesanal que contém cinco bonequinhos, muito pequenos. É um brin-

Os objetos e as coisas

quedo, habitualmente, dado pelos pais às crianças. Para as crianças, que podem viver ansiedades ou angústias, é dito que devem colocar os bonequinhos embaixo do travesseiro à noite, durante o sono eles as ajudarão a resolver os problemas por meio dos sonhos. É um modo de os pais, naquela comunidade, ajudarem seus filhos em seus momentos de aflição. A caixinha tem seu registro étnico. Apresenta uma maneira de conceber o homem, em que o sonho é visita dos deuses. Trata-se de uma cultura xamânica. Os bonequinhos são seres intermediários que, por meio do sonhar, trazem respostas aos problemas. A caixinha revela uma ontologia e uma teleologia em que o mundo se origina e caminha para os deuses, que visitam o homem em seu sonho.

6. *Cuia islâmica.* Utilizada no dia a dia de uma comunidade islâmica. É de bronze e desenhada a golpes de martelo. À sua volta há uma frase do Alcorão, encontrada com frequência nos utensílios da comunidade islâmica. Nesses objetos encontra-se uma forma, uma espécie de flor ou estrela, feita de um único traço que vai filigranando e constituindo a forma pretendida. Isso é fundamental, pois no Islã essa forma, estrela ou flor, apresenta o sentido de unidade, o Deus único. A cuia com essas características sempre lembra aos seres humanos o sentido de unidade. Algo que também aparece na túnica usada pela população, pois a roupa não deve dividir o corpo humano. A sacralidade do cotidiano está em cada utensílio que remete o fiel à oração. A cuia é um objeto para ser usado na culinária, mas nele está toda visão de mundo característico do Islã e da continuidade de sua tradição. Em qualquer país islâmico, encontra-se esse tipo de cuia com certa facilidade. No entanto, cada artesão a fará de forma peculiar, de tal maneira que, muitas vezes, pode-se reconhecê-lo pelas características e qualidade da peça. O singular emerge na tradição! Questão fundamental no

mundo islâmico. Na cuia se reconhecem o étnico, o estético, o ontológico e o teleológico. A cuia tem utilidade, mas não é determinada somente por sua funcionalidade. No mundo ocidental, o mais frequente é os objetos serem determinados por sua funcionalidade. São descartáveis, portanto, não são testemunhas da passagem das gerações. Dessa forma, não contam histórias.

7. *Ícone russo*. Ícone antigo, russo, feito em bronze, era utilizado pelos chamados velhos crentes. Eles costumavam ter ícones de bronze, porque o bronze perdura. Uma das coisas que caracterizam os velhos crentes da Rússia é a concepção de que suas vidas devem ser uma transmissão de um conhecimento, que receberam de gerações passadas e que deve ser preservado e transmitido para as gerações futuras. O uso do ícone em bronze assinala uma relação com o tempo peculiar, em que o anseio é que a obra dure através das gerações. É um objeto de culto. Composto por certo número de imagens, cada uma delas refere-se a um momento da vida de Cristo. Em suas igrejas havia o que se denomina de iconostase, lugar em que se encontravam os distintos ícones dos diferentes momentos da vida de Cristo. O fiel frente a eles tinha presente a história narrada em imagens. Eles apresentam uma etnia, uma concepção de tempo, uma antropologia, uma teologia. A iconostase assinala não só a importância da história e da narrativa da vida de Cristo e da vida de todos os homens. É a consciência da importância da narrativa[9] e da historicidade da vida humana.

Cada coisa apresenta diferentes registros de experiência. Dialogando com elas, temos a possibilidade de acolher as mensagens que nos trazem sobre o acontecer humano. Na clínica, eventual-

9. Ver artigo de Walter Benjamin já citado anteriormente.

mente, podemos reconhecer como elas estão aparentadas com a pessoa que precisa de ajuda e, eventualmente, poderão ser usadas como meio de intervenção para re-estabelecer na vida de alguém ou de uma comunidade, algum dos registros fundamentais da condição humana.

Capítulo V
O GESTO EM *SOBÓRNOST*

> *A tarefa de vida de qualquer pessoa é percebida na estrutura e forma de sua família. Perceber sua tarefa, a lei de seu crescimento, seus pontos de equilíbrio, a correlação de seus diferentes ramos e tarefas particulares. Tendo esses elementos como campo de fundo, perceber o próprio lugar em sua família e sua própria tarefa, que não é uma tarefa individual que a pessoa estabelece para si. É uma tarefa como membro de uma família, como órgão de um todo maior. É necessário encontrar o próprio lugar na história, registrar-se historicamente, encontrar suas coordenadas na história, sua latitude e longitude genealógica.*
>
> PAVEL FLORENSKY[1] (1910)

O nascimento do bebê ocorre no mundo humano que é constituído ao longo das gerações, sendo campo de encontro da herança dos ancestrais e do pressentimento do futuro. Assim sendo, nascer como ser humano implica não só em um nascimento biológico, mas também em um acontecimento nesse mundo. A criança nasce afetada pela história dos ancestrais, pelo encontro com os contemporâneos, impulsionada em direção àqueles que virão. O bebê, a fim de que possa iniciar a consti-

---

1. P. Florensky, *Sobranie Sochinenii v Chetyrekh Tomakh*. Moscow, Mysl, 1994-1999.

tuição de si mesmo, necessita que alguém no mundo seja seu anfitrião e acolha seu gesto que constitui o início de si mesmo. Esse gesto cria o que lá está para ser criado, questão paradoxal fundamental da origem de si mesmo. É importante ter claro que o gesto, que inaugura a possibilidade de ser, coloca-se em direção à presença humana posicionada no lugar da ação do bebê. É o gesto que acontece em *Sobórnost*. Mounier[2] (1964) afirma:

> A experiência primitiva da pessoa é a experiência da segunda pessoa o tu, e portanto o nós precede o eu, ou pelo menos o acompanha... Quando a comunicação se enfraquece ou se corrompe, perco profundamente a mim mesmo: toda loucura é um fracasso na relação com os outros – o alter torna-se alienus, e eu por minha vez, torno-me estranho a mim próprio, alienado. Quase se poderia dizer que só existo à medida que existo para os outros, ou no limite, que ser significa amar (p. 63).

O gesto que encontra o Outro possibilita a ilusão constitutiva, em que o que é criado é não só uma presença humana, mas também, uma situação humana, histórica, ali estabelecida no berço da criança. O gesto criativo acontece em um determinado contexto histórico, em um determinado contexto transgeracional. Dessa forma, a criatividade assim colocada permite o aparecimento do inédito, que é o singular no bebê ao mesmo tempo em que cria o já existente e também alcança o que está posicionado, para aquela criança, dentro da história familiar. Florensky[3] (1910) assinala que a tarefa da vida de qualquer pessoa é percebida na estrutura e forma de sua família. Perceber sua tarefa, a

---

2. E. Mounier, *O personalismo*, Lisboa, Morais, 1964.
3. P. Florensky, *Sobranie Sochinenii v Chetyrekh Tomakh. Moscow. Mysl, 1994-1999.*

lei de seu crescimento e seus pontos de equilíbrio, a correlação de seus diferentes ramos e tarefas particulares é fundamental. Para ele, o ser humano, tendo esses elementos como campo de fundo, percebe o próprio lugar em sua família e sua tarefa singular, que não é estabelecida pela própria pessoa. É uma tarefa, como membro de uma família, como órgão de um todo maior. Florensky enfatiza que é necessário encontrar o próprio lugar na história, inserir-se historicamente, desvelar para si mesmo suas coordenadas na história, sua latitude e longitude genealógica. De maneira geral, podemos ter três grandes situações que acontecem nesse momento originário do nascimento da criança no mundo humano: o bebê pode encontrar em seu berço uma *missão*, um *enigma* ou uma *questão*. Cada uma dessas possibilidades estabelece de modo distinto a situação originária do bebê e influencia, decisivamente e de forma singular, aquele que será o percurso dessa criança pela sua existência.

1. A SITUAÇÃO DE MISSÃO

Encontrar em seu nascimento uma missão implica encontrar um lugar definido, em que há na situação familiar uma expectativa de que o nascimento do bebê ou ele próprio resolva uma situação familiar ou da comunidade. O bebê que nasce em missão nasce um tanto quanto roubado da possibilidade de poder articular um destino próprio. Os elementos fundamentais de sua existência se encontram bastante definidos e, nesses casos, o que é mais habitual é o bebê defrontar-se com um meio ambiente humano espesso que lhe dificulta a possibilidade da criação do gesto singular. Dessa forma, ele encontra impedimentos consideráveis em seu processo de singularização.

2. A SITUAÇÃO DE ENIGMA

A segunda possibilidade é o bebê encontrar em seu berço um enigma. O enigma implica em um atordoamento enlouquecedor originário que coloca o bebê em uma suspensão de si, em uma origem que se inicia num estado de perplexidade. O enigma é aquilo que não pode ser formulado e, desse modo, não pode ser destinado. Assim sendo, a situação enigmática suspende a possibilidade de um devir. A missão impede, o enigma suspende. Tudo o que não pode ser formulado, também não pode ser destinado e, por isso mesmo, não pode ser dito ou pensado. Do ponto de vista clínico, o que se observa é que a pessoa que encontrou em sua origem uma situação enigmática vive de forma incisiva um atordoamento em todos os registros das experiências de si. O atravessamento de si pelo enigma leva a pessoa a um percurso pela vida perturbado, em que os diversos registros do acontecimento humano encontram-se atravessados pela situação enigmática. Por essa razão, o enigma costuma ter repercussões em nível subjetivo, psíquico e corporal. Algumas vezes o enigma acontece pelo que não pode ser dito, frequentemente aparecendo como elementos da história transgeracional ou da comunidade, que não é possível ser revelada pela presença de tabus ou proibições. Outras, pelo fato de na história daquela família ou daquela comunidade, o *ethos* humano encontrar-se estilhaçado.

A primeira forma de enigma relaciona-se com o que na história transgeracional precisa ser oculto. Isso faz com que o indivíduo pressinta o não dito e porte o enigma como um sofrimento desesperado, ansiando pelo encontro de um Outro que lhe permita alcançar o que significou uma ruptura em sua história. Trata-se de um sofrimento sem palavras.

O gesto em *Sobórnost*

O enigma decorrente do estilhaçamento de áreas do *ethos* humano leva a criança a encontrar em seu berço a apresentação de um mundo que não vai ao encontro daquilo que o bebê carrega como pressentimento do humano. Por exemplo, um dos fenômenos que encontramos com maior frequência na atualidade nessa área é aquele em que o bebê encontra uma mãe que lhe oferece um cuidado técnico, pouco orientado pela capacidade de compreender as necessidades do bebê a partir de sua subjetividade. Revela-se, nesses casos, a importância da corporeidade do bebê que lhe dá a possibilidade de reconhecer, ou não, o que de alguma forma está aparentado a sua corporeidade, lugar de suas primeiras experiências de si. O cuidado técnico tem organizações rítmicas, estéticas, que nada têm a ver com a corporeidade humana. O bebê despertado dessa maneira encontra-se em uma situação enigmática decorrente do estilhaçamento do *ethos* humano. Ao nascer, ele se depara com o mundo por meio de uma experiência de horror ou de susto. Pessoas com esse tipo de origem iniciam sua vida com uma lucidez insuportável. São pessoas que acabam tendo um conhecimento profundo e, ao mesmo tempo, terrível, porque é precoce, dos fundamentos do *ethos* humano. É um conhecimento adquirido pelo negativo. No entanto, o horror as habita, pois esse é um conhecimento sem rosto, sem palavra, sem continência. No mundo contemporâneo há frequentemente um tipo de maternagem que não se funda no contato do humano da mãe com seu bebê; assenta-se em técnicas abstraídas da experiência humana, nas quais a rapidez, o conforto, as concepções da moda têm primazia.

A partir da década de cinquenta, Winnicott, em seus artigos, revelava suas preocupações com o excesso de interferência dos pediatras e enfermeiras na relação mãe-bebê. Naquele momento havia uma tecnização do cuidado com o bebê, o que levou Winnicott, durante muitos anos, a reafirmar a importância da relação mãe-bebê, assinalando que a mãe do bebê tinha um saber tácito sobre o cuidado necessitado. Daquela época até os dias de hoje, ocorreu um incremento da interferência da técnica na relação entre a mãe e seu bebê. Em decorrência desse fenômeno, observa-se, na atualidade, o aparecimento de comportamentos sociais cujas problemáticas subjacentes diferem daquela descrita por Winnicott, quando relacionou o aparecimento da tendência antissocial à privação.

Reconheço três psicodinamismos subjacentes ao comportamento antissocial, cada um deles com um prognóstico diferente. Há o comportamento antissocial como foi descrito por Winnicott, em que a criança reivindica o que foi perdido. Havia uma experiência satisfatória da criança com sua mãe, mas que sofreu uma ruptura. Isto levaria a criança a uma conduta antissocial como maneira de reivindicar a situação perdida. Há um outro grupo de pessoas com comportamento antissocial, que não puderam constituir a dimensão subjetiva por diferentes razões. Acompanhando uma pesquisa realizada com meninas de rua[4], observou-se que elas procuravam a experiência subjetiva constitutiva na rua e não em casa. Era na rua que elas viviam a possibilidade de encontrar relações significativas. Nesses casos a conduta antissocial aparecia como código de relacionamento e de pertencimento ao grupo da rua. Eram comportamentos que delatavam a descrença e desencanto que elas viviam frente à família e às instituições sociais. Há um terceiro dinamismo de conduta antissocial: algumas pessoas, que foram atravessadas por uma situação enigmática e invadidas por lucidez medonha, têm como única possibilidade de existência o desenvolvimento de um posicionamento de niilismo absoluto frente à vida. Seu anseio mais fundamental é destruir tudo aquilo

---

4. H. Dias Ferreira. *Meninas-mães de rua. Constituição de sujeitos-extremos*, São Paulo, mimeografado, dissertação de Mestrado, PUC-SP, 1997.

que lhes parece hipócrita no campo social. Essas são pessoas que vivem a lucidez medonha, mas sem esperança.

Algumas vezes uma família vive uma tragédia. Ela pode ser tão intensa que a referência àquele evento desaparece do discurso na interação familiar. O não dito acontece aí em decorrência da angústia que a lembrança daquela experiência traz. As próximas gerações vivem a presença de algo que não pode ser referido, portanto de algo enigmático. A partir do momento em que a história pode ser retomada há possibilidade de o indivíduo posicionar-se frente a ela e sai da situação de enlouquecimento promovido pelo enigma. Nessa situação teremos não uma agonia[5], que é o congelamento da memória de um evento, mas um sofrimento decorrente da memória, agora alcançada, que pode ser referida e colocada em jogo. A memória passa a nortear o gesto das pessoas, re-significando a história.

Vivemos em uma época na qual a memória é frequentemente perdida das mais diferentes maneiras. Não falo aqui da memória que é puro preenchimento da descoberta, como foi descrita por Bion. Refiro-me à memória que é registro da historicidade constitutiva do ser humano. Essa memória precisa estar presente nos discursos familiares, nos espaços públicos e nas obras culturais. Em nosso tempo, chamado de pós-moderno, ou de modernidade tardia, a memória constitutiva fragmenta-se deixando consequências funestas na maneira como o ser humano acontece no mundo. Na atualidade a *re-inserção da memória é cura* em diversas

---

5. Cabe ressaltar que diferencio agonia de sofrimento. Compreendo a agonia como um estado em que a pessoa encontra-se sem gesto, sem voz, encarcerada em uma experiência que coloca o si mesmo encarcerado em um tempo infinito disruptivo. O sofrimento implica em poder subordinar o vivido ao gesto, ao devir, e tomar o experienciado como próprio.

situações de sofrimento humano. Na clínica contemporânea, a memória é com frequência o elemento que possibilita a cura. A coisa, o texto, a narrativa inserida no enquadre analítico, possibilitam que o paciente possa recuperar seu lugar em *Sobórnost* e reestabelecer os fundamentos de si mesmo.

3. A SITUAÇÃO DE QUESTÃO

Na existência humana compartilhamos as grandes questões do destino humano. A questão da precariedade humana, a questão do imponderável, a questão da solidão essencial, da sexualidade, da vida e da morte. Essas são questões que nos precedem. Com Bion poderíamos dizer que elas nos visitam como pensamentos em busca de pensador. Quando temos a oportunidade de nascer em uma situação familiar e em uma comunidade em que essas questões são colocadas em jogo, são formuladas e pensadas, estamos em uma condição que favorece nos posicionarmos frente a elas. Nas comunidades e famílias há organizações culturais, mitológicas, que visam responder às grandes questões da vida humana. A maneira como uma família, ao longo das gerações, interage com a cultura em que está enraizada, afeta o modo como seus membros lidam com as questões do destino humano. Cada família organiza-se de maneira peculiar ao redor de determinadas questões do destino humano, que marcaram a vida de seus membros mais significativamente. Essas questões e a maneira peculiar como a família as maneja são transmitidas ao longo das gerações. O fato mesmo de que as grandes experiências do destino humano tornem-se questões implica que elas foram colocadas em jogo, em trânsito. Usando uma linguagem winnicotiana, diria que essas experiências estão em transicionalidade.

O gesto em *Sobórnost*

Às vezes, ao longo da história familiar, um acontecimento em seu meio faz com que a perda da possibilidade de determinadas áreas da existência sejam postas em questão, tornando-se tabu. Quando isso ocorre, a próxima geração terá não uma questão posta em trânsito, mas sim um *enigma*. A pessoa que nasce nessas condições tem a memória do que não foi dito por meio de seu *sofrimento*.

Uma família especializa-se, ao longo das gerações, em uma ou duas das grandes questões do destino humano, o que dá a ela certo perfil e certa diferenciação, que possibilitam a seus membros alcançar uma singularidade decorrente da questão familiar que eles portam. Uma criança em seu berço encontra e cria, por meio de seu gesto, a questão familiar posicionada de maneira peculiar no momento de seu nascimento. Essa criança portará a questão que a constituiu e a singularizou do início ao final de sua vida. Essa questão jamais é respondida, mas está sempre em evolução, por meio do gesto que a endereça em direção ao futuro. Esse fenômeno possibilita que a pessoa possa ter um destino próprio e pessoal.

Às vezes ocorre que, em determinado ponto da história familiar, a criança nasce como uma resposta às questões fundamentais daquele grupo de pessoas. Quando isso acontece seu processo de singularização fica prejudicado, pois lhe foi dada uma *missão!*

A maneira de ser de uma pessoa, os elementos preponderantes em sua organização de si mesmo, possibilitam-nos perceber em que registro de experiência encontra-se seu sofrimento. Na missão, o sofrimento acontece pela impossibilidade. No enigma, o sofrimento é a memória do não dito e do não vivido. E, no terceiro caso, a situação questão, o sofrimento coloca-se em direção à ou, em outras palavras, em um destinar-se. O objetivo do trabalho em análise dessa última situação é possibilitar ao analisando a apropriação de sua questão original. Nos dois outros casos mencionados acima, a meta do processo psicanalítico é caminhar o suficiente com o paciente para que a situação de missão ou de enigma possa vir a alcançar o estatuto de questão.

Quando a pessoa pode perceber-se missionado, e também posicionar-se frente a sua história, imediatamente a colocará em questão. Da mesma forma, o paciente atravessado pela situação enigmática pode, pelas características de seu sofrimento, pelos elementos que se podem coletar, aqui e ali, ao longo dos anos, vir a alcançar uma formulação para seu enigma, tornando-se a situação enigmática questão! Esses processos são sempre muito significativos, pois possibilitam transformações importantes na vida do analisando: mudança de lugar existencial, na organização de *self* e de sua trajetória de vida.

Se a possibilidade de a pessoa portar sua questão ocorre, seu gesto a coloca em direção ao porvir. Ela acontece em um contínuo vir a ser.

A situação da origem de uma pessoa está presente no modo como ela é, na maneira como fala e como se comporta, quer tenha consciência, ou não, dessa situação. No momento em que a situação originária pode tornar-se questão, para então vir a ser apropriada pelo paciente, ela se transforma em um *estilo de ser*. É interessante observar que a questão originária irá constituir o modo pelo qual o analisando concebe as situações de origem, levando-o a conceber uma ontologia sobre si e sobre o mundo. Cada um de nós, quer tenhamos consciência ou não, estabelecemos uma concepção a respeito da origem. Essa concepção determina uma ontologia peculiar à pessoa que a formula. Fenômeno, que também é encontrado em outros registros da experiência humana, tais como a vida em uma determinada comunidade ou cultura étnica. Ao contatarmos uma cultura particular, observamos que seus mitos, seus objetos culturais organizam-se ao redor de uma concepção da origem do mundo peculiar àquele grupo cultural. Fenômeno semelhante existe do ponto de vista de um indivíduo singular. Um dos elementos fundamentais do processo de singularização de alguém é a concepção ontológica característica da pessoa. Essa ontologia pessoal é um dos referentes fundamentais da semântica existencial do indivíduo, que se estende significando seus gestos, suas palavras, as coisas que ele utiliza para compor seu mundo pessoal.

Abordar o ser humano a partir da questão originária é também explicitar que todo indivíduo sonha com a resposta a sua questão. E ao mencionar o sonhar, não estou fazendo metáfora, *o sonho, entre outros fatores, veicula o anseio de uma resposta à questão originária*. Sonha-se com uma resposta, mas ela jamais é respondida. A partir da questão que o constitui, o ser humano ao sonhar com uma resposta, sonha o fim último. O fim último ansiado no sonho é o estado em que a pergunta não mais precisaria ser feita. Sonhar uma utopia! Essa utopia constitui a teleologia do paciente que, na maior parte das vezes, se faz teologia. Sonhar com a resposta a sua questão originária coloca o indivíduo em um percurso. O ser humano dessa forma se faz caminhante, um peregrino (*viator*), viajante pelos caminhos da transicionalidade. Em sua subjetividade, o ser humano cria mundos (questão ontológica) e deuses (questão teleteológica): *mito pessoal que determina uma maneira pessoal de conceber a existência*.

Tendo como referência fundamental a ontologia que a pessoa estabelece e seus anseios teleológicos, temos acesso a sua semântica existencial. Suas palavras, seus gestos, suas metáforas, as suas organizações de espaço e tempo, revelam-se em seus significados peculiares, colocando-nos em meio a seu *idioma pessoal*. Isso nos permite compreendê-la em seu modo de ser e conversar com ela no registro semântico de seu idioma pessoal. Nessa perspectiva, o falar de alguém é também gesto criativo. Ao nascer, o ser humano encontra em seu meio um código linguístico; com seu gesto pessoal o indivíduo rompe esse campo linguístico e o recria segundo o que o caracteriza. Isso se dá nos diferentes registros da experiência humana. Acontece no campo linguístico, em seus gestos, na maneira como posiciona as coisas, na maneira como se relaciona e como lida com as questões da vida e da morte. Podemos, algumas vezes, reconhecer que uma coisa está aparentada com alguém na medida em que ela veicula concepções ontológicas e teleológicas, que se assemelham à maneira como uma determinada pessoa concebe sua ontologia e teleologia. Esse é um tema interessantíssimo, pois nos oferece perspectivas importantes no estudo das coisas (Realogia - ver cap. IV) e seu lugar no processo de subjetivação e da experiência humana. Esses são elementos que oferecem uma outra perspectiva no estudo dos objetos transicionais. Algumas vezes, em determinadas situações, a inserção de um objeto no campo de experiência de alguém, põe em marcha sua questão originária permitindo que ela se ponha em devir.

O fim é também o começo, dizia Winnicott. O sonho do fim revela a origem. Há uma relação entre a origem e o fim que determina a significação da maneira que uma pessoa vive. No futuro, em direção a sua morte, a pessoa reencontra a questão de sua origem, diferentemente posicionada. Nesse sentido, *o futuro é memória e o fim é o começo!*

Capítulo VI
O IDIOMA PESSOAL

> *A sacralidade de uma pessoa encontra-se precisamente em sua viva liberdade, em ser para além de qualquer esquema. Uma pessoa pode e deve corrigir-se, mas não de acordo com uma norma, que seja externa a si mesma, mesmo que seja a mais perfeita das normas. Ela deve corrigir-se somente em sintonia com a maneira que ela é em si mesma... Enquanto o ser humano permanecer humano, ele busca a amizade. O ideal de amizade não é inato no homem, é "um a priori" do si mesmo. É um elemento constitutivo de sua natureza.*
>
> PAVEL FLORENSKY[1](p. 317, nossa tradução)

A singularização do ser humano assenta-se na situação originária que o constitui. Esse acontecimento necessita ocorrer em *Sobórnost*, ou seja, em presença de um Outro. O enigma e a situação de missão, muitas vezes, levam à detenção ou à fratura da experiência de *Sobórnost*, o que significa uma detenção ou uma fratura do *ethos*. Ethos ($\eta\theta o\varsigma$) é compreendido como as condições fundamentais que possibilitam o ser humano morar, estar e constituir-se como um habitante no mundo humano. Esse encontro originário também determina a maneira pela

---

1. P. Florensky, *The Pilar and Ground of the Truth*, New Jersey, Princeton University Press, 1997.

qual a pessoa irá conceber a ontologia do mundo. Essa concepção ontológica influencia, na maior parte das vezes de forma inconsciente, o modo como ela enxergará a condição humana, a vida e o mundo. Essa concepção é peculiar àquela pessoa e, a partir dessa ontologia idiossincrática, emerge uma concepção, também singular, sobre o fim, ou seja, surge uma concepção teleológica. O fim é o começo. O final último da existência é concebido por um reposicionamento das questões originárias.

Conforme apresentado anteriormente, a concepção do originário e a concepção teleológica são os dois referentes fundamentais do idioma pessoal do indivíduo. Esse idioma aparece em sua maneira de ser, em seu discurso, em seu gesto, nas coisas que ele colhe para compor seu ambiente, na maneira como ele constitui seu percurso de vida. A possibilidade de compreender esse idioma a partir desses dois referentes fundamentais permite que o clínico possa interagir com a pessoa, conversando com ela no registro de seu idioma pessoal. O que significa a possibilidade de se compreender a maneira como formula as grandes questões da existência, o modo peculiar que ela tem de portar seu sofrimento e a maneira como *sonha* seu porvir.

Essa perspectiva possibilita-nos dialogar e intervir na situação clínica de uma maneira tal em que o gesto do outro, o estilo do outro e o idioma do outro estejam contemplados. A situação clínica revela a importância de que a verbalização do analista esteja aparentada com o idioma pessoal do paciente; com a maneira como o analisando concebe sua existência e com o modo de formulação de suas questões. Isto auxilia o analista a conduzir o processo para o atravessamento das transferências na situação clínica.

O processo de singularização acontece a partir do momento em que o ser humano, por ocasião de seu nascimento, acorda em sua corporeidade. O bebê humano acorda em uma lucidez que, sem a presença do Outro, pode levá-lo à experiência de agonia impensá-

O idioma pessoal

vel. No entanto, é a lucidez que possibilita o aparecimento do gesto. Ação que é criatividade originária. Esse acordar inicial lança o bebê humano, já de antemão, em uma experiência de finitude dada pela própria corporeidade pontuada pela lucidez. A corporeidade do bebê o leva a experienciar a grande questão de sua origem entre duas grandes posições. A posição feminina e a posição masculina. Isso muito antes de existir qualquer consciência derivada da percepção, da diferença entre os sexos. Winnicott[2] afirmava que o feminino estava relacionado ao Ser e o masculino ao Fazer. No feminino haveria a possibilidade de uma identificação plena com o seio, e, no masculino, a experiência do gesto em direção ao seio. O feminino não está só relacionado ao Ser e o masculino ao Fazer, mas também, o feminino relaciona-se à *origem* e o masculino relaciona-se ao *fim*. O feminino emerge na origem, no nascimento, ao acordar na corporeidade. O masculino debruça-se ao fim, pois toda a possibilidade da constituição de si implica sempre em um gesto em *direção a*, inicia-se um caminhar em direção a um Outro, em direção à próxima formulação da questão originária, em direção ao fim último. Todo ser humano, em sua origem, necessita da experiência de ser e da possibilidade de colocar o próprio gesto em direção ao porvir para que um processo de singularização possa ocorrer. A interação entre estas duas posições, a feminina e a masculina, é o que possibilita o estabelecimento de si. O feminino estabelecido sem o masculino, na ausência de um gesto em direção ao que virá, leva o indivíduo a um dispersar de si no Cosmos, o que acarreta a confusão de si com a coletividade. Nesse caso não há processo de diferenciação, pois o gesto não se coloca como ruptura do que era. É uma simples continuidade. Assim o

---

2. D. W. Winnicott.(1971),*Playing and Reality*, London, New York, Tavistock/Routledge, 1992.

ser humano é, apenas, filho da espécie. Por outro lado, o gesto sem a experiência do estar originário, portanto, sem a experiência do feminino, joga o ser humano em um fazer que tenta substituir o ser, surge uma individualidade sem notícia do Outro. Isso significa que ele não encontra em si raízes na tradição. Estas são as duas possibilidades, a ausência da experiência do feminino e do masculino, que levam à perda do sentido de si. Como ser paradoxal, o ser humano acontece na polarização dialética do feminino e do masculino, da origem e do fim, do corpo e do gesto.

O gesto é sempre transiência. A criatividade não se esgota em uma obra. A criatividade que, supostamente, se esgotasse em um fazer, levaria não ao aparecimento de uma obra, mas ao surgimento de um fetiche.

Do ponto de vista do posicionamento do corpo humano no espaço poderíamos dizer que o feminino relaciona-se ao *deitar-se* e o masculino ao *levantar-se*. A posição feminina e masculina, cada uma a seu modo, possibilitam uma maneira peculiar de relacionar-se com a experiência da gravidade. Winnicott diria que sem a presença do *holding*, sem o suporte materno – presença do feminino – há a experiência de queda. A queda é decorrente da experiência da gravidade sem a intermediação de um corpo humano que dê estabilidade ao corpo do bebê. A queda é a agonia impensável. O gesto que também não pode encontrar o Outro é um acontecimento que leva o bebê à experiência de agonia, pois a ação empreendida perde-se no vazio, decorrente da ausência do Outro. É um perder-se no transcendente absoluto, o que é insuportável. Na ausência da experiência do feminino:– a queda absoluta. Na ausência do masculino: o transcendente absoluto. A interação contínua entre o feminino e o masculino é necessária para que os modos de ser no mundo aconteçam de maneira favorável para a constituição do si-mesmo.

O idioma pessoal

As experiências do feminino e do masculino na origem possibilitam o estabelecimento do sentido de si e a possibilidade de vir a se realizar um percurso pela vida. A pessoa abre-se para um tornar-se, para um devir. Muitas vezes, podem-se encontrar acontecimentos de vida nos quais uma determinada experiência ou situação suspendeu ou fragmentou as dimensões fundamentais do *ethos*, tanto em sua perspectiva feminina, quanto masculina. Observa-se nessas situações o aparecimento de sofrimentos de intensa magnitude, reais agonias impensáveis em decorrência de um fenômeno que ocorre em um *agora* e não na origem. É um equívoco acreditar que todas as agonias impensáveis são derivadas de não acontecimentos no início da vida. É nessa perspectiva que é importante termos clareza das questões fundamentais do *ethos* humano, pois ele pode ter sido abalado pela falha ambiental no início da vida da pessoa ou pode ter sido atingido no percurso do indivíduo pela vida, por condições inóspitas do mundo.

As duas posições, feminina e masculina, estão colocadas desde a origem e persistem até o final da vida do indivíduo. São perspectivas importantes de serem compreendidas, sobretudo por seu valor diagnóstico.

Observa-se que a questão originária, a missão, ou o enigma, podem ser encontrados no modo de ser de uma pessoa, no registro do masculino, do feminino ou na combinação entre eles. Ao nos abrirmos à singularidade do outro, constatamos que a situação originária na vida do indivíduo encontra-se relacionada a um registro ou outro. Isso implica em diferenciações, em peculiaridades que contribuem, decisivamente, no processo de singularização da pessoa.

Esses elementos são também fundamentais para que se possa compreender a maneira como a sexualidade se apresenta. Por esse vértice, a sexualidade nunca é vista só como uma metamorfose da vida instintiva. A sexualidade é, aqui, compreendida como o ressoar da corporeidade nas situações originárias (questão, enigma, missão) em suas dimensões masculina e feminina. Isso significa que o corpo do Outro é encontrado como forma de estabilidade (*holding* de Winnicott, questão do feminino) ou o corpo do Outro é alcançado como alvo do gesto (questão do masculino, matriz do assentamento da libido). Dessa forma, tanto o corpo *estando*, quanto o corpo direcionando-se *a*, ele (o corpo) está transfigurado e veicula as problemáticas originárias. A sexualidade sempre reverbera os elementos fundantes da singularização da pessoa. Isto é: *todo gesto, todo movimento sexual posiciona a questão, o enigma ou a missão decorrente da situação originária do indivíduo. A sexualidade porta sentidos e veicula história*. Assim sendo, a escolha do objeto sexual sempre está relacionada à problemática originária do indivíduo. Encontram-se no outro, desejado sexualmente, as ressonâncias das próprias questões originárias. O desejo pelo outro[3] reposiciona a situação originária e busca o fim último da existência. Na clínica observa-se que as manifestações da sexualidade, do desejo, do erotismo, reposicionam as concepções ontológicas e teleológicas do indivíduo. A organização da sexualidade de alguém é parte de seu idioma pessoal. Assim sendo, vemos que a sexualidade é muito mais complexa do que supõe um entendimento orientado, somente, por uma concepção de *busca de prazer*. *A sexualidade relaciona-se ao prazer, mas está sempre re-apresentando e reposicionando aquelas que são as problemáticas constitutivas e nucleares da vida das pessoas.*

À guisa de exemplificar, de maneira simplificada, o que estou afirmando: uma pessoa missionada tenderá a sonhar com uma sexualidade transgressora. É o desejo de romper a missão que a

---

3. Mantenho aqui a palavra outro em minúsculo, pois mesmo no desejo voltado para o outro, visto sem transcendência, revelam-se as questões originárias.

colocou em uma situação claustrofóbica. A pessoa atravessada por um enigma tende a excitar-se pelo enigma e, dependendo das características da situação enigmática, pode organizar-se eroticamente de maneira a sentir que o enigma enlouquecedor encontra-se sob o domínio de sua ação, podendo assim ter um lugar entre os humanos. Um exemplo dessa possibilidade é o fetiche. Há uma situação enigmática que enlouquece o indivíduo e que não pode ser colocada em questão. Há um atravessamento do si mesmo pelo enigma que o erotismo fetichista põe para fora do si mesmo, por dissociação. Emerge um fascínio tantalizador pelo fetiche, em um jogo de atração e anseio de aniquilar o enigma pela atividade sexual. Ali onde não houve o gesto criativo constitutivo aparece o desejo erótico como suposta ação própria.

O ser humano tem um saber de si que é dado pela própria condição humana, pelo próprio *ethos* humano. A busca de um Outro, o anseio pelo Outro é norteado por um saber que não é fruto de uma elaboração mental ou intelectual. É um saber a partir das experiências e sofrimentos éticos vividos pela pessoa.

Buscar é *esperar encontrar. A esperança sustenta e norteia a busca do Outro na comunicação, no sonhar, no desejo.* Esperança é presença da memória do que impossibilitou, do que se deteve, do que se fragmentou, do que não aconteceu. Pelo fato de o homem ser aquele que tem a condição de *ser questão*[4], ele tem um saber sobre o

---

4. Ser questão é anterior a formular questão. O ser humano é questão e só ao longo do processo maturacional alcança a possibilidade de formular uma questão a partir de seu amadurecimento mental e intelectual. As situações originárias podem levar a um deter-se, a um fragmentar-se que impede o estabelecimento satisfatório do sentido de si e que podem aparecer, mais tarde, na história de vida de alguém como um suposto problema de aprendizagem.

ethos tanto em decorrência das necessidades éticas contempladas, quanto em decorrência de um *ethos* que foi fraturado.

Com Winnicott, poderíamos dizer que a pessoa mais adoecida é a pessoa sem esperança, pois o perfil da esperança no indivíduo nos dá a medida da memória preservada de seu próprio *ethos*. A memória a que aqui se faz referência não é a representacional. Enfoca-se a memória da experiência originária.

Todo acontecimento humano, o saber, o gesto, a sexualidade, encontra-se referido ao *ethos* humano. A partir desse ponto de vista, podemos compreender o sofrimento humano, a psico-*pathos*-logia, como a notícia da maneira peculiar como uma pessoa conseguiu ou não pôr em marcha as questões de sua existência.

Esse lugar de compreensão clínica nos dá uma posição frente ao Outro que nos procura, para que seja posto em trânsito o que se apresenta na história do indivíduo. Isto implica na possibilidade de o clínico poder acompanhar os sentidos que se tecem na história, na sintomatologia e na modalidade de sofrimento do paciente.

Aponto aqui para um rigor no trabalho clínico, decorrente de um caminho ético que forneça ao analista os referentes fundamentais que lhe possibilitem compreender e acessar o idioma pessoal daquele que nos procura. É uma maneira de trabalhar que se funda na singularidade do Outro. O analista coloca-se frente ao paciente de maneira a deixar-se ensinar pelo que o paciente diz e apresenta: *a historicidade de seu ser*. Esse é o trabalho clínico em *Sobórnost*.

Ao testemunharmos o devir de alguém, presenciamos, também, aspectos fundamentais sobre a existência de todos. Há aqui um paradoxo. Toda a pessoa é singular, revela algo do único, mas ela, também, desvela, ao mesmo tempo, algo do destino de todos.

É necessário refletir sobre a maneira como o clínico utiliza sua teoria. Algo grave é o analista utilizar sua teoria como linguagem e não como vértice. A teoria como linguagem costuma ser veiculada

O idioma pessoal

ao analisando como uma linguagem universal e isso é uma forma de violência e de doutrinação, que impede ou aniquila o idioma singular do analisando. Trabalhar com a singularidade do outro é situar-se no registro de seu idioma e de seu dizer. As intervenções do analista precisam aparentar-se com a semântica existencial do paciente.

Um dos problemas de nosso tempo é a utilização de discursos que são veiculados como universais. Onde há um achatamento do dizer singular, do gesto e do idioma pessoal do Outro há um abuso de poder. Evidentemente, o analista, como qualquer ser humano, trabalha com as questões fundamentais de sua história. No entanto, o ponto fundamental do ser analista é se ele caminhou o suficiente para que suas questões pessoais possam ter-lhe revelado as questões fundamentais do destino humano. Sua singularidade precisaria ter-lhe aberto para a alteridade do Outro e para a visão do destino humano. Assim sendo, o analista poderá reconhecer o universal em sua própria história.

É a possibilidade do reconhecimento do universal no singular que lhe dá um lugar *ético* que lhe possibilita estar assentado em seu trabalho nas grandes questões do destino humano. O analista, assim posicionado, acolhe a transcendência do Outro, a singularidade do outro, mas, ao mesmo tempo, compreende que compartilha com seu paciente as questões fundamentais do destino humano. Lugar paradoxal entre o singular e o universal: trabalho em *Sobórnost*.

O analista é aqui não aquele que nomeia com sua linguagem as situações de vida do paciente. Ele, a partir de sua posição, do lugar singular que ocupa em sua existência, coloca em diálogo o que o paciente apresenta, na medida do possível, no registro do idioma pessoal do paciente.

Assim sendo, compreendem-se os fundamentos da situação transferencial como uma *comunidade de destino*. Enquanto seres humanos, estamos subordinados às grandes questões do destino humano: o nascer, a ignorância, a finitude, a morte, a transcendência do Outro, o Outro em si-mesmo, a situação de fronteira da existência humana etc. Elas abrem um lugar: comunidade de destino. O analista está, decididamente, implicado com o analisando nas questões fundamentais do destino humano. A clareza da compreensão sobre esse ponto é necessária para se lidar com o sofrimento humano. De uma forma geral, essa compreensão é ainda muito mais fundamental para abordarmos o sofrimento humano no mundo contemporâneo.

A comunidade de destino como matriz da transferência, trabalho em *Sobórnost*, determina que entre o analista e o analisando sempre haja um terceiro: *o mistério*. Ele é o que não se formula, o que não se coloca, o que não há possibilidade de ser destinado pelo ser humano. Uma das grandes questões do mundo contemporâneo é a enorme dificuldade existente entre os homens de abrirem espaço para o mistério. Essa é uma situação muito grave na clínica, pois, na medida em que o conhecimento da Psicologia e da Psicanálise possibilitou algumas formulações, algum conhecimento sobre a situação humana, vemos muitas vezes que a teoria do analista lhe rouba a possibilidade de viver o mistério com seu paciente[5]. Isto é trágico!

Pavel Florensky[6] nos diz:

---

5. Cabe ressaltar a contribuição importantíssima de Bion para essa questão. Em seus escritos evidencia-se a consciência profunda que ele tinha sobre a importância do mistério. No entanto, infelizmente, encontramos muitos trabalhos nessa escola de psicanálise, nos quais o mistério foi obturado, apesar de ser mencionado, pela transformação da teoria de Bion em uma linguagem.
6. P. Florensky, *The Pilar and Ground of the Truth*, New Jersey, Princeton University Press, 1997, p. 317.

O idioma pessoal

> A sacralidade de uma pessoa encontra-se precisamente em sua viva liberdade, em ser para além de qualquer esquema. Uma pessoa pode e deve corrigir-se, mas não de acordo com uma norma, que seja externa a si mesma, mesmo que seja a mais perfeita das normas. Ela deve corrigir-se somente em sintonia com a maneira que ela é em si mesma... Enquanto o ser humano permanecer humano, ele busca a amizade. O ideal de amizade não é inato no homem, é "um *a priori*" do si mesmo. É um elemento constitutivo de sua natureza (p. 317, nossa tradução).

Liberdade, em Florensky, implica que o homem nasce de um gesto, de uma ação que acontece na instabilidade, entre o ser e o não-ser. O ser humano jamais está encerrado no mundo, por isso não pode ser nomeado, nem capturado por nenhum esquema. Viver é caminhar para o mais além, em que cada passo é uma ação que dá ou não autenticidade ao percurso pela vida, em função do que se é. Cada pessoa compõe o próprio percurso. Florensky está assinalando uma perspectiva de rigor, com a qual sintonizo, em que qualquer movimento ético em direção ao Outro é dado pelo que o Outro *é*. A amizade é posta, por esse autor, como fenômeno ontológico para a condição humana. A amizade, aqui não é fruto de derivações psíquicas, ela é fundante, o que possibilita a condição humana. Ela é acolhimento do nascimento do ser humano, o que permite um lugar para si entre os outros homens (*Sobórnost*). Winnicott chamou-a de *devoção*. A amizade, como a abordo aqui, não significa bondade, mas sim *solidariedade*! Ela compreende o amor e o ódio! Ela é a face de *Sobórnost*. Na amizade compartilha-se do destino humano com aqueles que estão, com os que se foram e com os que virão. Amizade não é um sentimento, é fundamentalmente *um lugar: comunidade de destino!*

Capítulo VII
O SOFRIMENTO HUMANO E AS FRATURAS ÉTICAS

> *O sofrimento, por exemplo, não é admitido nos "vaudevilles", eu sei. No palácio de cristal, ele é simplesmente inconcebível: o sofrimento é dúvida, é negação, e o que vale um palácio de cristal do qual se possa duvidar? E, no entanto, estou certo de que o homem nunca se recusará ao sofrimento autêntico, isto é, à destruição e ao caos. O sofrimento... mas isto constitui a causa única da consciência.*
>
> DOSTOIEVSKI[1] (p. 48)

Uma das necessidades fundamentais do homem no estabelecimento de seu *ethos* é a de ser recebido no mundo humano pelo Outro. Em capítulo anterior, assinalei que essa recepção é pontuada pelas questões fundamentais, que de alguma forma pertencem à família, à comunidade em que a pessoa nasce. Então, evidentemente, a recepção que cada bebê encontra estará marcada pela possibilidade que sua família tem de estar enraizada, em cada uma das dimensões do *ethos* humano, em uma das dimensões de *Sobórnost*. Cada família proporcionará uma recepção peculiar ao bebê, matizada pelo que traz preservado de suas tradições, pelas questões que a atravessaram ao longo das gerações e pelo momento histórico em que o bebê chega. A história familiar

1. F. Dostoievski, *Memórias do subsolo*, São Paulo, Editora 34, 2000.

configura-se de maneira distinta a cada etapa da vida de seus membros. Faz diferença o momento em que uma criança nasce. Algumas peculiaridades desse fenômeno promovem alterações significativas na maneira de ser do bebê, posicionando sua singularidade em questões e tarefas específicas.

Ao se falar da recepção do bebê, é importante lembrar que ela é realizada pelos pais e pela família que o acolhem e de forma primordial por sua mãe, se estiver presente. Esse aspecto é fundamental, pois na perspectiva de *Sobórnost* não se pode perder de vista que a mãe e o pai não são indivíduos, mas pessoas em quem as questões fundamentais da família e da comunidade se apresentam ao bebê. Isso significa que a maternidade ou paternidade é conjunção do momento histórico da família constituída por processos transgeracionais. A apresentação da mãe ou do pai a seu bebê é fenômeno histórico, que depende do contexto sociocultural histórico no qual está colocada a família. Dostoievski[2] (1873) afirmava que um verdadeiro educador é constituído pela seiva das gerações de um povo e não por uma faculdade de Pedagogia. Da mesma forma, mãe e pai são constituídos pelo que sua família preserva, ou não, em registro transgeracional, da memória do *ethos* humano. No entanto, muitas vezes, uma família mantém a memória do *ethos* humano, mas problemáticas do mundo, ou da história familiar, provocam rupturas no lugar materno e/ou paterno, em decorrência da fratura do *ethos* no momento histórico em que o casal recebe o bebê.

Descreverei as possibilidades mais frequentes de recepção problemática para o bebê. É importante salientar que elas não esgotam o que encontramos na clínica, pois cada analisando traz aspectos

---

2. F. Dostoievski, *A Writer Diary. Volume I 1873-1876*.ILL, Evanston, Northwestern University Press.

inusitados. A descrição aqui apresentada tem o intuito de favorecer a compreensão da complexidade do fenômeno abordado.

1. A primeira situação é aquela em que a mãe se apresenta ao bebê como um objeto intrusivo. Ela se torna objeto para o bebê antes que ele tenha condições de alcançar a experiência de uma relação objetal. A mãe aparece em presença excessiva, intrusiva, intensificando a percepção do bebê de uma realidade objetiva. Há diferenças significativas entre a possibilidade de um bebê experimentar, no início de sua vida, a realidade de forma subjetiva ou de forma objetiva. Na maneira subjetiva, o bebê vive o meio ambiente como continuidade de si, situação que lhe dá a possibilidade de reconhecimento da realidade objetiva em seu tempo de maturação. No modo objetivo, o bebê percebe o outro como objeto, antes que tenha desenvolvido a noção de eu e outro, ou seja, fora de seu processo maturacional. Quando a mãe se apresenta de maneira intrusiva, sua presença excessiva impede o aparecimento do gesto criativo do bebê. Esse tipo de situação leva-o a uma dissociação precoce e a uma adaptação àquilo que é apresentado. Ao conduzirmos um processo clínico de um analisando com esse tipo de vivência é necessário que a experiência de intrusão precoce possa ser reconhecida no enquadre clínico[3] e também que a situação originária (questão, missão, enigma), que a ocasionou, possa ser revelada.

2. O segundo tipo assemelha-se ao primeiro, mas tem peculiaridades que afetam distintamente a maneira como o bebê se cons-

---

3. Refiro-me à contribuição de Winnicott sobre a importância da regressão na clínica do quadro psicopatológico denominado por ele de Falso *self*.

titui. A mãe, nesse caso, é excessivamente excitante. A mãe excitante estabelece precocemente com seu bebê uma relação de sedução. Isso significa que a criança é despertada precocemente no registro erótico sem que consiga constituir, de fato, um desejo próprio. Nesse tipo de situação, o bebê não só perde o gesto, mas também, a excessiva excitação poderá levá-lo a dois tipos de posição:

2a. A identificação com a imagem da mãe. A identificação ocorre como uma tentativa de superar uma situação de atordoamento promovida pelo excesso de excitabilidade. É preciso compreender que, neste momento de constituição, a excitabilidade joga o bebê em uma experiência enigmática, que o coloca em agonia impensável, que poderá ser enlouquecedora para ele. Dessa forma, a criança faz uma identificação com a mãe excitável, como meio de colocar sob domínio do eu a experiência de excitação. Isso significa a perda do próprio gesto, a perda do próprio estilo e do sentido de si mesmo, já que a criança fica aprisionada na imagem materna. Uma mãe excessivamente excitável tem, frequentemente, uma questão mal resolvida com o feminino, que a leva a uma posição masculina defensiva. A mãe sedutora organiza-se pelo fazer sedutor. Na situação clínica, será importante auxiliar o paciente no reconhecimento da situação originária, por meio da situação transferencial, para que lhe seja possível alcançar o gesto próprio. Com frequência isso é realizado por meio de um gesto que rompa a imagem fascinante.

2b. A segunda possibilidade é o bebê tornar-se o objeto excitável. Essa situação também significa um aprisionamento do bebê em uma condição em que o gesto é interrompido. Há nessa condição um horror a qualquer outra possibilidade que não envolva a excitabilidade. Quem vive esse tipo de situação não tem a experiência do feminino, isso significa que não tem a experiência do silêncio e do repouso como possibilidade de se estar. Para essas pessoas, o corpo aquietado é terrorífico, pois pode significar queda em um nada. Não há aqui elemento feminino que dê estabilidade e continuidade de ser ao bebê no estado de repouso. Clinicamente, há a necessidade de se analisar em profundidade as angústias paranoides, decorrentes do terror frente a uma possível invasão sedutora, para que o estado não integrado seja alcançado, a partir do qual o gesto pessoal possa encontrar o Outro.

3. O terceiro tipo é a mãe-objeto ausente. Nessa situação, o bebê não encontra alguém que ele possa criar. O gesto despenca no nada, sem o encontro com o Outro. Esse bebê conhece a experiência de solidão, precocemente, antes de alcançar a continuidade de ser e de ter noção de objeto. Isso significa que ele se singulariza a partir de uma experiência de solidão, que é o que o constitui. Uma pessoa que viveu esse tipo de experiência não experimenta o sentimento de solidão, ela *é* solidão. Do ponto de vista clínico, não basta trabalhar com essa solidão como se fosse decorrente de uma angústia de separação, de exclusão da cena primária ou de um ataque ao objeto. Essa solidão é anterior a qualquer uma dessas experiências psíquicas. Ela foi constitutiva! Do ponto de vista clínico, isso significa que o analista, em determinado ponto do processo, precisará reconhecer a solidão originária que constituiu o paciente e seu sentido na história de sua família. Uma vez que a solidão foi constitutiva para o analisando, esse tipo de trabalho não modificará a situação que o singularizou, mas a solidão originária passa a ser reconhecida pelo Outro, o que a coloca do lado do destino humano e sob o domínio da criatividade do paciente.

Todas as experiências que produzem uma fratura no *ethos* fazem com que a pessoa fique lançada a uma situação sem comunicação, sem presença do Outro. Quando essas situações podem ser alcançadas pelo trabalho clínico, encontram o registro do Outro e passam a estar subordinadas à criatividade da pessoa. O que a originou pode vir a ser destinado! Pode fazer parte de seu estilo de ser ou parte de sua vocação na comunidade humana. Ela sabe da solidão na condição humana.

4. O quarto tipo é a mãe-repouso ausente. Nessa situação, há ausência da mãe meio ambiente e do *holding*[4]. Isso significa que não há possibilidade de quietude e consequente experiência de ser, acarretando uma organização defensiva ao redor da hiperatividade. A tarefa clínica é acompanhar o analisando o suficiente para que ele encontre a experiência de confiabilidade e de quietude na situação clínica.

5. O quinto tipo é o encontro com a mãe adoecida. A mãe adoecida tende a sofrer excessivamente com a aproximação de seu bebê. Isso o leva a uma preocupação com sua mãe, que acontece antes que ele pudesse chegar a essa experiência por meio de seu processo maturacional. Esse bebê, habitualmente, teme a própria vitalidade. A pessoa desenvolve-se excessivamente preocupada com o outro, o que lhe retira a espontaneidade necessária ao viver. O analisando necessita reencontrar, na situação clínica, a intensidade de sua vida instintiva e alcançar, na relação transferencial, o amor primitivo[5].

---

4. O conceito de *holding* foi formulado por Winnicott para referir-se à função materna de sustentar seu bebê. Essa função é responsável pelo processo de integração do *self* do bebê. (Ver: D. W. Winnicott (1960), "The theory of the parent-infant relationship". In: *The Maturacional Process and the Facilitating Environment*, London, Karnac Books, 1990.)
5. Winnicott formula o conceito de amor primitivo para referir-se ao amor sem piedade experimentado pelo bebê em relação a sua mãe.

6. O sexto tipo, característico do mundo pós-moderno, é a mãe-tecnológica. A criança é apresentada de tal forma ao mundo, que ela não mais vislumbra a presença humana em seu meio ambiente. Porque não veem mais a presença humana, os gestos, os cuidados recebidos não se remetem à corporeidade humana, mas sim às medidas da tecnologia. Essas crianças desenvolvem-se para fora do mundo humano em um repúdio às configurações estéticas decorrentes da tecnologia. Sentem nostalgia por um mundo que não chegaram a conhecer, a não ser pelo negativo e pelo saber que emergem de sua corporeidade. Elas possuem profundo conhecimento sobre o *ethos* humano. Descrevem-se como fantasmas, espectros, já que não se sentem participantes do mundo humano. Por essa razão denominei essas pessoas, em trabalho anterior[6], de espectrais.

Há três destinos possíveis para esse tipo de pessoa:

6a. O niilismo defensivo, quando se organizam por uma profunda descrença no mundo humano e se enamoram do Nada. Na atualidade, há muitos jovens que vivem esse tipo de experiência. Necessitam encontrar na clínica um Outro que reconheça a falha ética e com quem possam estabelecer uma relação de confiança.

6b. Críticos do mundo, quando encontram em seu percurso algum ser humano ou obra cultural que lhes dê a possibilidade de se apropriarem do profundo conhecimento que possuem sobre o mundo contemporâneo. O fato de se terem constituído para fora do mundo possibilita que sejam artistas em po-

---

6. G. Safra, "Uma nova modalidade psicopatológica na pós-modernidade: os espectrais", *Psychê – Revista de psicanálise,* ano IV, n. 6, 2000, p. 45-51.

tencial[7]. Necessitam que sua relação com o analista devolva-os ao simples e ao originário da condição humana. Precisam de palavras frescas que apontem que um *dizer* ainda é possível. Muitas vezes são confundidos com pacientes esquizoides, mas os espectrais são os profetas de nosso tempo. São aqueles que guardam a memória do humano e a esperança de um porvir.

6c. Identificação com a técnica. Ocorre naquelas situações em que a criança não consegue repudiar o que lhe é apresentado, ficando seduzida pela técnica e pelo suposto poder que ela parece trazer. Nessa situação surge uma personalidade virtual. A identificação não é com o humano, mas com a técnica e sua estética! Essas pessoas aparecem como seres sem história, usam emblemas tecnológicos como fetiche. Ao analisarmos essas pessoas, deparamo-nos com o fato de que não possuem representação da cena primária – cena originária, que as colocaria em um lugar de filiação. Parece que geraram a si mesmas! É um tipo de pessoa-máscara, em que a máscara é um sistema digital. Nesses casos, após a análise do vazio enlouquecido subjacente a essa organização, pode ser interessante apresentar-lhes o mundo das coisas mensageiras.

7. O sétimo tipo ocorre em famílias que estão achatadas na dimensão social do mundo. São famílias que vivem para alcançar *status* e prestígio social. O bebê é recebido como um signo social. As mães desses bebês não o recebem como alguém, mas sim como um objeto que lhes dê prestígio no campo social. Essa situação pode gerar dois tipos de bebê:

---

7. Na atualidade abordam-se a arte e a poesia como uma obra de fora do mundo. A obra assim concebida abre clareira para a revelação do que é originário da condição humana.

7a. O bebê seduzido por esse lugar torna-se uma pessoa cuja personalidade é apenas casca social. Tem-se a impressão de que esses indivíduos não têm interioridade. Vivem em situação delicada, pois se o destino lhes traz algum tipo de adversidade, não estão preparados para lidar com o evento e vivem, frente a ele, a possibilidade de enlouquecerem ou de se suicidarem. É profundamente perigoso colocar essas pessoas em análise, pois a análise também pode jogá-las para uma loucura sem volta ou para o suicídio. Isso não significa que elas não busquem análise. Elas o fazem, mas de um modo muito peculiar: a análise é buscada como uma outra insígnia social, que lhes dá prestígio junto à sociedade. Permanecem em análise se o analista, sem perceber, entra em cumplicidade com elas e deixa de analisar suas situações existenciais reais.

7b. Algumas crianças nascidas nesse tipo de família organizam-se por meio do repúdio pelo social. Sentem as relações humanas vazias, sem sentido, e consideram o mundo hipócrita. Tendem a viver à margem do campo social, podendo até mesmo haver o desenvolvimento de comportamentos antissociais, como forma de protestarem pelo lugar que lhes foi dado. Algumas delas desenvolvem uma grande sensibilidade para a comunicação não verbal, pois é essa que as orienta para o que é verdadeiro, já que consideram as palavras como campo de mentira e de vazio.

8. O oitavo tipo é aquele em que a criança foi abusada, sofreu violência psíquica, corporal e/ou sexual. Nessas situações, há também variações de organização de personalidade conforme o tipo de violência sofrido. Todas elas como maneiras de essas crianças se defenderem da situação enigmática em que foram colocadas pela violação da ética.

8a. As crianças que sofreram violência psíquica vivem um atordoamento originário, que as leva a se constituírem a partir de um estado confusional primário. A experiência originária, por ter sido tantalizadora, leva-as a esse estado de confusão primária, que dificulta o desenvolvimento de funções psíquicas ou mentais, que as ajudem a realizar processos de discriminação. Tudo fica confundido: o dentro e o fora, o bom e o mau, o objetivo e o subjetivo. São pacientes difíceis, pois necessitam colocar o analista em situações também tantalizadoras, para que, em comunidade de destino, ele possa reconhecer a experiência terrível que elas viveram.

8b. As crianças que experimentaram violência corporal tendem a se organizar defensivamente, por meio do medo e/ou da dor. O fato de terem sido objeto da crueldade de alguém faz com que tomem essa experiência originária como fundante. Isso significa que tendem a se organizar ao redor dos dois polos da relação sadomasoquista. É importante do ponto de vista da clínica, ter claro que essa situação nada tem a ver com uma simples fixação "prazerosa", ela é muito mais complexa! Trata-se de organizar-se para poder existir para um Outro. São pessoas que vivem continuamente com uma cicatriz no Ser, que lhes diz que não são capazes de despertar amor em alguém. Necessitam encontrar um outro humano, que lhes dê um outro lugar, a partir da compreensão da fratura ética que viveram.

8c. Crianças que viveram violência sexual também ficam aprisionadas em uma situação enigmática. Costumam desenvolver uma concepção ruim de si mesmas, pois toda criança faz uma leitura dos acontecimentos como subordinados sua onipotência. Veem toda fratura ética como originada em si mesmas. Essas crianças tendem a se organizar de duas maneiras: por uma intensa introversão, pois procuram ocultar-se, para fugir da violência sexual, em regiões de si mesmas em que não possam ser tocadas. Isso significa que se ausentam de seu corpo, de seu psiquismo e do mundo, algo que só se estabelece por intensos mecanismos de dissociação. Outras, se organizam ao redor do erotismo, por uma confusão originária entre ternura e erotismo (ver Ferenczi[8], 1932). De qualquer forma, surge nessas crianças um conhecimento do *ethos* pelo negativo. Legitimar o saber ético que elas possuem é fundamental na situação clínica.

Esses são os modos mais frequentes de fraturas éticas originárias. No entanto, às vezes, ocorre que uma pessoa, que teve uma recepção razoavelmente favorável em seu percurso pela vida, depara-se com uma experiência que fratura o *ethos* humano. Quando isso acontece, pode ocorrer o aparecimento de agonias que, apesar de semelhantes àquelas decorrentes das situações originárias, nada têm a ver com os acontecimentos das situações constitutivas do início da vida. É importante, do ponto de vista da clínica, que se possa reconhecer se a fratura ética vivida por uma pessoa ocorreu na situação originária ou em momento posterior de sua vida. É um profundo engano tratar de uma pessoa que vive sofrimento decorrente de uma situação acontecida em épocas posteriores de sua vida, como se fosse questão do início de sua vida. Na Psicanálise e na Psicologia, temos o hábito de tudo referir à infância, mesmo quando há agonias impensáveis que podem ter semelhança fenomenológica com situações originárias, mas que são acontecimentos de outra ordem e que ocorreram em outros momentos de vida.

---

8. S. Ferenczi (1932) "Confusão de língua entre os adultos e a criança. A linguagem da ternura e da paixão". *Obras completas, Psicanálise IV*, São Paulo, Martins Fontes, p. 97-106.

As agonias que aparecem no percurso da vida e não em seu início são os fenômenos decorrentes das situações de exclusão e de desenraizamento: étnico, ético e cultural. É verdade que essas situações podem ter sido vividas pela família da criança antes de seu nascimento, o que pode afetar a maneira como a recepção do bebê é realizada. O fato é que é preciso diagnosticar se essas condições são preexistentes ao nascimento do bebê ou se ocorreram no percurso da pessoa pela vida.

É fundamental para a clínica ter claro que a exclusão e o desenraizamento não são só fenômenos sociais, mas também acontecimentos ontológicos. Fenômenos que rompem a possibilidade de o ser humano habitar eticamente o mundo humano. Existem fenômenos que têm origem no campo social e que atingem o registro ético: aspecto decorrente da interação constante entre os acontecimentos no mundo (ôntico[9]) e o registro ontológico.

Simone Weil[10] (1943) tem colocações muito lúcidas a respeito dessas questões. Ela nos ensina que o ser humano tem uma raiz por sua participação real, ativa e natural na existência de uma coletividade, que conserva vivos certos tesouros do passado e certos pressentimentos do futuro. Ela alerta para as decorrências do desenraizamento, que se podem dar pelo desemprego, má qualidade de situação de trabalho, imigração, falta de instrução, entre outras. Para ela, o desenraizamento é a mais perigosa doença das sociedades humanas, pois multiplica a si própria. Os desenraizados, segundo ela, só têm dois comportamentos possíveis: ou caem em uma inércia de alma equivalente à morte ou se lançam em

---

9. Ver nota 3 do capítulo I.
10. S. Weil, (1943). "O enraizamento". In: Bosi, E. (org), *Simone Weil. A condição operária e outros estudos sobre a opressão*, 2. ed., trad. de Therezinha Gomes Garcia Langlada, Rio de Janeiro, Paz e Terra, 1996.

uma atividade que perpetua o desenraizamento, podendo originar situações de intensa violência.

Em nossa época, esse tipo de problemática é bastante sério. Nossa cultura manifesta-se, na atualidade, de uma maneira que já não mais reflete a medida humana e as facetas de *Sobórnost*. Recriar, por meio do gesto criativo originário, o mundo e o campo social torna-se mais complicado, pois, pela invasão da técnica como fator hegemônico da organização social, o ser humano só raramente encontra a medida de seu ser, que permita o estabelecimento do objeto subjetivo[11] a cada um dos níveis de realidade para a constituição e o devir de si mesmo.

Nos tempos atuais, a mídia nos fornece um mundo de informações por meio de organizações estéticas. A estética da mídia é assentada no mundo da informática e ela nos apresenta uma temporalidade cada vez mais veloz e mais distante do tempo da corporeidade e da subjetividade humana. A mídia nos fornece também o espaço virtual. São essas perspectivas estéticas que transbordam para as diferentes áreas da vida humana. É o mundo da comunicação. Para o ser humano, é necessária a possibilidade de comunicar-se com o Outro, mas é também fundamental ter a oportunidade da *não comunicação*. É importante, para o homem ter visibilidade no mundo, mas é também preciso se ocultar dele. O mundo organizado pela digitalização promove organizações estéticas em que

---

11. O conceito de objeto subjetivo foi formulado por Winnicott e faz referência à criação da mãe pelo bebê a partir de sua criatividade primária, originando a experiência de ilusão: momento constitutivo da experiência de si mesmo. Ver: D. W. Winnicott (1963). "Comunicação e falta de comunicação levando ao estudo de certos opostos", *O ambiente e os processos de maturação* – estudos sobre a teoria do desenvolvimento emocional, 3 ed., Trad. de Irineu Constantino Schich Ortiz, Porto Alegre, Artes Médicas, 1990.

as condições necessárias para o aparecimento da subjetividade humana são rompidas.

A cidadania, nesta perspectiva, instaura-se pela possibilidade que tem o ser humano de inserir sua singularidade por meio de seu gesto. Qual a porosidade do mundo atual para acolher um gesto que possa criar o inédito no campo do Mesmo? A criatividade celebrada pela mídia, na maior parte das vezes, seduz o ser humano com o já estabelecido, com uma imanência sem transcendência, o que o leva ao esquecimento de seu gesto, ao esquecimento de si e de suas raízes. A arte e a cultura têm uma possibilidade bastante fecunda de curar o homem contemporâneo por meio de uma ação resistente que abra a memória do *ethos* humano e de sua ética.

Na atualidade, testemunhamos, em nossa clínica, inúmeras formas de sofrimento e agonias, decorrentes de fraturas da cidadania, estilhaçamentos da ética, fenômenos que se encontram na literatura psicológica e social sob a categoria de *exclusão social*. No entanto, cada modalidade de sofrimento exige do clínico um manejo específico da situação.

A fim de contribuir com a discussão do tema, apresentarei as diferentes formas de sofrimento, frutos de rupturas no percurso de vida, que tenho encontrado na clínica, procurando apresentar os elementos mais fundamentais na condução do processo psicanalítico desses casos.

1. HUMILHAÇÃO: essa situação é decorrente de um processo de exclusão social em que o ser humano é não só impedido de participar do campo social como um todo, mas, fundamentalmente, é visto pelas pessoas das classes dominantes como inferior e desprezível. O resultado é um sentimento de vergonha de si, que interdita os gestos que poderiam pôr em marcha a criatividade do paciente, tanto no sentido de seu devir, quanto para uma ação política que

pudesse vir a transformar sua situação social. Essa condição subjetiva agrava-se quando atravessa diferentes gerações, pois, assim sendo, a pessoa pode já ter perdido a memória do evento que originou a humilhação. Não é raro esse quadro ser confundido pela comunidade "psi" com um problema de narcisismo, o que constitui um equívoco lamentável. Nesses casos, a transferência estabelecida na situação analítica reproduz a experiência de humilhação e, frequentemente, o paciente caminha no processo até que um gesto, que ponha em questão o enquadre, possa vir a ser reconhecido como o gesto que busca *instaurar a* dignidade. Entre nós, temos as contribuições de Gonçalvez Filho[12] (1998), que esclarecem consideravelmente esse tipo de problemática.

2. DEZENRAIZAMENTO[13]: Esse fenômeno ocorre cada vez com maior intensidade no mundo contemporâneo. O mais habitual é considerar que o desenraizamento acontece no registro étnico. Na verdade, é algo que tem um espectro muito mais amplo, pois o desenraizamento ocorre no registro étnico, no estético e no ético.

2a. O *desenraizamento étnico* se dá pela perda da conexão com os elementos sensoriais e culturais que remetem o ser humano à memória de sua origem. Surge aqui um tipo específico de solidão que aparece fenomenologicamente como uma impossibilidade de pertencer e de encontrar seus *iguais*. Nesses casos, é fundamental que o analista não confunda essa situação com

12. J. M. Gonçalvez Filho, *Passagem para a Vila Joanisa – uma introdução ao problema da humilhação social*. Mimeografado, dissertação de Mestrado, Ipusp, 1995.
13. Como mencionei anteriormente nesse trabalho, Fyodorov referia-se a esses fenômenos como *perda do aparentamento*. Manterei neste capítulo a nomenclatura de desenraizamento por sua familiaridade entre nós.

quadros decorrentes do uso de mecanismos esquizoides. Aqui o analista, na transferência, é o mediador possível da conexão com os elementos que re-estabeleçam a etnia fragmentada.

2b. O *desenraizamento estético* ocorre com frequência no mundo atual. Ele acontece pelo fato de que as organizações estéticas de nossa época pouca relação possuem com a organização corporal humana. O corpo demanda organizações rítmicas, temporais e espaciais que sejam aparentadas com os ritmos e dimensões do corpo humano. Organizações estéticas excessivamente abstratas, decorrentes da estética das máquinas ou do mundo digital, levam a um tipo de adoecimento vivido como forma de enlouquecimento, em que o corpo deixa de ser um lugar de alojamento da psique. É frequente, nesses casos, a necessidade de o paciente vir a organizar as dimensões temporais e espaciais do contexto psicanalítico, para encontrar a experiência de descanso, de não invasão, com a consequente apropriação do corpo como próprio. A mãe em um contexto com essas características (mãe-tecnológica) tende a receber seu bebê com um tipo de recepção que o lança para fora do mundo humano, como já descrito anteriormente.

2c. O *desenraizamento ético* (ηθοζ, εωοζ) surge em um mundo nem sempre regido por um respeito e por uma responsabilidade pelo humano. A condição humana informa à criança, antes de qualquer aquisição intelectual, sobre o *ethos* humano. Tudo o que não estiver alinhado nessa perspectiva é vivido por ela como uma situação traumática e violenta, mas que não pode ser representada, devido a sua imaturidade. Essas crianças desenvolvem uma perspectiva de vida desesperançada. Frequentemente, na adolescência adotam uma ideologia niilista e desesperançada, podendo vir a desenvolver um comportamento antissocial. Esses pacientes precisam que o analista sofra com eles o terror da violência experimentada e anseiam que ele possa reconhecer que o vivido não foi ético. Também aqui cabe ressaltar a importância de não se confundir esses casos com uma simples depressão afetiva ou com supostas personalidades constituídas com baixa tolerância à frustração.

3. INVISIBILIDADE: Esses pacientes vivem a experiência de não serem vistos no campo social. Trata-se de uma situação que frequentemente vem acompanhada pelo sentimento de humilhação, mas a experiência de não ser visto ganha preponderância. Em nosso mundo, pessoas que ocupam posições de pouco prestígio social, habitualmente, passam desapercebidas pelos outros. O mal-estar decorrente dessa situação é grande, podendo gerar uma desesperança e amargura ou, em casos extremos, deflagrar comportamentos violentos como única forma de alcançar alguma visibilidade. Na clínica, na situação transferencial, esses pacientes, por terem vivido um impedimento de existir, procuram não ocupar espaço no *setting*. Algumas vezes, temem serem vistos pelo analista e ficam aflitos quando se sentem observados: a fantasia é de estarem usufruindo o indevido. Claro que a situação necessita ser reconhecida pelo analista em seu ponto de origem. Braga da Costa[14] (2002) realizou um belíssimo trabalho em que enfocou essa problemática no campo da Psicologia Social.

Essas modalidades de sofrimento podem ensinar-nos muito sobre os fundamentos da condição humana, para que possamos estar abertos a um saber que vem da dor experimentada no mundo contemporâneo e que nos coloca em contato com os grandes elementos de cura da alma: *a cultura, o sagrado, a poesia!*

---

14. F. Braga da Costa, *Garis – um estudo de psicologia sobre invisibilidade pública*, dissertação de Mestrado, mimeografado, Ipusp, 2002.

Capítulo VIII
A ÉTICA DA SITUAÇÃO CLÍNICA

> *Aceitar a desgraça alheia padecendo-a. Aceitar algo não é mais do que reconhecer que existe. Sofrer não é mais do que pensar na desgraça. Pensar que a desgraça existe: nisso se enraízam a aceitação e o sofrimento. Em certo sentido, a realidade necessita de nossa adesão.*
> *Ivan Karamazov: a fuga para o irreal. Sem dúvida, não é esse um passo dado por amor. A criança que chora não deseja que se pense que ela não existe ou que se esqueça que ela existe. Dar de comer ao faminto: o ato de lhe dar de comer não é mais que uma prova do reconhecimento de sua existência.*
> *A esse eu irredutível que constitui o fundo irredutível de meu sofrimento, fazê-lo universal.*
>
> SIMONE WEIL[1] (p. 495, nossa tradução)

A clínica em *Sobórnost* demanda que tomemos determinados princípios como fundamentais para a orientação de nosso trabalho. Após o percurso realizado até aqui podemos ver que há a necessidade de que possamos realizar uma re-definição da situação clínica de modo que ela possa contemplar o *ethos* humano, que procuramos iluminar ao longo dos capítulos deste livro.

---

1. S. Weil, *Cuadernos*. Madrid, Trotta, 2001.

1. A TRANSFERÊNCIA

Tradicionalmente o conceito de transferência esteve referido à representação reprimida. O analista, por meio de mecanismos de deslocamento, seria percebido pelo analisando como se fosse uma das figuras do passado. O trabalho de análise consistiria, com o uso das interpretações, em remeter o vivido com o analista para as figuras originárias. Com Klein, há uma ligeira diferença na maneira como se compreende o fenômeno, já que o trabalho passa a ser focalizado na fantasia transferencial, compreendida pelos conceitos de posição: esquizoparanoide e depressiva. Trata-se de trabalhar sobre os padrões de relação objetal, sempre em movimento pelos mecanismos de identificação projetiva e introjetiva. Ambas as perspectivas vão trabalhar com o já representado! Lacan ao apoiar-se, em seu trabalho, nas contribuições da linguística, também trabalha em nível representacional.

Com Bion e Winnicott temos mudanças significativas na compreensão e no trabalho com a situação transferencial. Bion propõe não só o trabalho com o já representado, mas também com a abertura para o novo: *o não pensado*. A transferência é compreendida como campo de transformações para o surgimento da experiência do novo. Winnicott trabalha com uma concepção que lida não só com o representado, mas também com o *não acontecido*. Essa perspectiva enfoca o que ainda não alcançou a representação. Dessa forma, o analista trabalha com o intuito de que o processo psicanalítico possa evoluir o suficiente para que o inédito venha a ocorrer, possibilitando ao paciente a abertura para regiões de si, que podem vir a ser gestadas e realizadas como aspectos do si mesmo do paciente.

Trabalhar em *Sobórnost* é trabalhar assentado em um vértice para além da representação, pois sendo o registro dessa noção o ontológico, mantemos a situação aberta às condições fundamentais para o habitar do homem no mundo. O para além da representação não é só estar aberto para o novo, mas para o *mistério*. Assim sendo, a clínica é o lugar do surpreendente, da alteridade, da abertura para o Outro! Diz Pessanha[2] (2000):

> O escondido e o indizível devem aflorar junto da palavra, devem finitizar e arrebentar a palavra dentro dela mesma. A palavra quebrada, ao nomear a presença das coisas, aponta para além delas mesmas, aponta para o mistério da aparição e para a dimensão do ocultamento. Abrir-se para além da presença do ente é dizê-lo de uma tal maneira que o não ente apareça também, e simultaneamente (119).

Sobórnost implica que a situação chamada transferencial esteja aportada na solidariedade e na amizade, decorrentes da consciência de que o Outro que nos procura está irmanado a nós, pois estamos em meio ao mesmo destino: a condição humana. Falar em solidariedade ou amizade para com o paciente costuma causar entre psicoterapeutas e psicanalistas certo mal-estar, pois isso parece "infringir" a regra de abstinência. No entanto, isso é decorrente do fato de que não estamos habituados a pensar a situação humana pelo registro ontológico. Amizade é habitualmente compreendida como fruto de algum dinamismo psicológico. Não se trata disso. Solidariedade e amizade significam aqui um princípio ético fundamental, só possível quando estamos realmente humildes (voltados ao *húmus*-terra), situação que ocorre ao estarmos nus de qualquer onipotência. Então compreendemos que nossa biografia é diferente da de nosso paciente, mas somos companheiros de viagem pelas intempéries da existência. Posicionados desta forma, estaremos em *comunidade de destino*, condição fundamental para o nascer, para o caminhar pela vida e para o morrer de qualquer ser humano!

2. J. G. Pessanha, *Ignorância do Sempre*, São Paulo, Ateliê, 2000, p. 119.

2. A INTERVENÇÃO

1. Intervir na sessão ou no processo demanda que em primeiro lugar possamos *estar com* o paciente. *Estar com* é o modo como estamos posicionados em comunidade de destino. Esse modo de estar é não só uma condição para o habitar humano, mas é em si uma intervenção, pois qualquer paciente, independente da situação existencial ou psíquica em que se encontre, é capaz de perceber se seu analista, de fato, está com ele. Se isso ocorrer, ele se sentirá diferentemente posicionado frente ao Outro.

2. A experiência revela-nos que o processo de trabalho se *inicia* a partir do momento em que o analista pode formular a questão fundamental do paciente, aquela que foi encontrada em seu berço, por meio das situações transgeracionais que caracterizaram sua família. Essa questão é aquela que, uma vez explicitada, devolve ao paciente sua condição de vir a ser aquele que interroga. Condição fundamental do *ethos* humano. A questão originária é o elemento que move qualquer processo psicanalítico, quer analista e analisando tenham consciência disso ou não. Ela é peculiar à biografia do paciente e é, ao mesmo tempo, uma das questões que atravessa toda a humanidade, mas com formulação peculiar para cada pessoa. Uma vez que sua questão seja explicitada, o analisando estará em trânsito, colocando o que o singulariza em devir. Cada sessão coloca a questão originária entre a origem e o fim, o início e o término da sessão, o nascer e o morrer. O processo se finda no ponto em que o analisando a alcança como lugar singular, a partir do qual seu gesto se origina, o que também significa dizer que o paciente alcança o fim ou a possibilidade de morrer. A questão colocada sob o domínio da criatividade do paciente, lhe dá a vocação para seu percurso existencial e lhe dá um modo

peculiar de sair do mundo por meio da morte. Lembrando que morrer para o ser humano é sair do mundo humano.

Nas situações em que o paciente foi colocado em Missão ou jogado no Enigma, há um trabalho anterior que necessitará ser realizado: explicitar, com o uso da situação transferencial, a situação familiar na qual o paciente foi lançado e que o colocou na situação de enigma ou missão. Na medida em que isso é realizado, atinge-se o estado em que essa situação pode vir a ser formulada pelo paciente como questão; a partir de então, sua criatividade lhe estará disponível e o processo segue até que ele alcance o lugar-pergunta que o singulariza, para que possa se destinar em direção ao porvir, com a consequente possibilidade de vir a morrer como ser humano: deixar o mundo dos homens.

Sabemos que a existência humana é povoada de questões, que se sucedem infinitamente. Em meio a elas reina a questão originária, alicerce da singularidade de cada ser humano. Antes dela há o *Nada*! O *Silêncio*! O absolutamente *Outro*! Abismo sem fim que amedronta todo ser humano. Pessanha[3] (2000) aborda poeticamente essa questão quando diz:

> Enquanto a aranha cerzia o frágil arabesco da sua teia, vi que a imensidão da noite circundante permanecia atravessando todas as linhas brancas do traçado e que ela passeava dentro da doçura de um abismo. Lembrei-me então de uma outra maravilha cujo nome é homem e descobri o segredo de uma afinidade! Se a aranha faz a teia, o homem tece biografia. Biografia é a tristeza de não ter podido residir no elemento negativo: se o homem foi constrangido a abandonar a "simplicidade da noite" pela loucura do nascimento, ele pode, numa rememoração permanente do oculto, suportar a luz cansada que vigora na passagem pelo exílio deste mundo (p.101).

3. J. G. Pessanha, *Ignorância do sempre*, São Paulo, Ateliê, 2000, p. 101.

3. A LINGUAGEM

Realizamos nosso trabalho por meio da linguagem. Ela está presente em nossa forma de ser, em nossa fala, em nosso gesto. O modo como usamos a linguagem revela nossa maneira de ser, nossos anseios e temores e nosso estilo de ser. Ao recebermos um paciente há a necessidade de que possamos nos familiarizar com seu idioma, com sua semântica existencial. É ela que nos possibilitará compreender o que ele busca por meio de nós e nos auxiliará a visitarmos o mundo daquele que nos procura. Esse trabalho é também feito recolhendo-se a fala do analisando ao longo das sessões. Todo paciente ao falar ao Outro (*Sobórnost*) faz poesia! Em determinados momentos da sessão surge uma palavra ou frase que diz, em um instante, todo o acontecer do paciente. Reapresentada a ele em outro momento do processo, no qual o analisando formula sua questão, auxilia-o a perceber e a se surpreender com a magnitude do que já havia dito com aquela palavra[4]. A sessão alcança o registro poético, no qual o dizer preserva o mistério. Nesses momentos, o paciente fica como que atravessado por uma experiência de beleza e por uma experiência do sublime. Estes são os momentos que eles denominam de sagrados. Há a necessidade, nesse tipo de trabalho, que mais e mais, à medida que o processo caminha, possamos falar com o paciente em seu idioma pessoal. Isso não só lhe possibilitará ter a experiência de sentir-se compreendido, mas fundamentalmente, o ajudará a enxergar o que sus-

---

4. Há no livro de Winnicott, *Consultas Terapêuticas em Psiquiatria Infantil*, ao longo das consultas realizadas com o jogo de rabisco, inúmeras situações em que a criança se surpreende com o desenho que realiza, ao perceber o que ele revela de si mesma. O mesmo fenômeno acontece nas sessões de adultos ao se trabalhar com os princípios descritos neste capítulo.

tenta seu idioma. Para dar conta de sua questão originária, todo ser humano concebe um mito sobre a origem e uma utopia para o fim, o que constitui sua ontologia e teleologia pessoal. Esses são os dois referentes fundamentais de onde surge a semântica existencial do paciente. No mito e na utopia se oculta a questão originária. Por isso podemos afirmar que a origem e o fim são o mesmo diferentemente colocados no tempo. Por meio da questão explicitada e alcançada no processo analítico, o mito da origem e a utopia do final são furados e a pessoa se coloca como filha do mistério: *a ignorância a acolhe*! Ela se encontra aberta para o Outro!

Dessa forma ela se aninha em sua questão originária e essa passa a ser o lugar a partir do qual seu gesto acontece. Há um vocacionar-se, que ocorre não só como um projeto profissional, mas existencial.

4. O TEMPO

O manejo do tempo da sessão é importantíssimo. Toda sessão ao iniciar traz a questão do nascer e ao terminar a questão do morrer. As interferências vividas pelo paciente no estabelecimento de si mesmo, o que tornou sua possibilidade de viver entre os homens prejudicada, alteraram também seu estar no mundo. Isso leva necessariamente a uma perturbação da temporalidade que precisará ser cuidada ao longo do processo. É necessário que a situação clínica possa disponibilizar ao paciente a possibilidade de, por meio de seu gesto, iniciar o fluir da sessão e também sua finalização; isso ocorre não por uma decisão voluntária do paciente, mas porque ao ser recebido, em comunidade de destino, por seu analista, esboçará tanto o gesto que lhe possibilitará existir frente ao Outro, quanto o gesto da despedida.

O ritmo e a profundidade das intervenções feitas pelo analista modulam a temporalidade da sessão. Essa é uma faceta daquilo que Winnicott denominou como *apresentação de objeto*[5]. Na perspectiva de trabalho que estou apresentando, esse procedimento está orientado por quanto o paciente suporta aproximar-se do absolutamente Outro. Aspecto que é sinalizado pela intensidade da angústia naquele momento da sessão. O início da sessão precisa ser conquistado pelo paciente, pois muitas vezes sua angústia impede que ele origine o que ocorrerá na sessão. Da mesma forma, a angústia intensa impede que ele possa estar pronto para o final da sessão. É a modulação do ritmo e a profundidade das intervenções do analista, que o auxiliarão a lidar com essas situações. O trabalho realizado em uma sessão leva o paciente a ansiar pela continuidade do mesmo, pois há um anseio no ser humano de manter a progressão de sua questão originária. Digo isso para assinalar que um trabalho não realizado na sessão leva o analisando a um desinvestimento do processo. Encontrar-se em devir leva ao anseio pelo próximo encontro.

5. O COTIDIANO

Agnes Heller[6] (1970) nos diz que o homem nasce já inserido em sua cotidianidade e que o amadurecimento do homem significa a aquisição das habilidades para a vida cotidiana da sociedade. Para ela o ser humano participa na vida cotidiana com todos os

---

5. Conceito formulado por Winnicott que se refere à apresentação do mundo feita pala mãe a seu bebê orientada pela imaturidade do bebê. Esse é o paradigma da intervenção feita pelo analista na clínica.
6. A. Heller, *O cotidiano e a história*, Paz e Terra, São Paulo, 1970.

A ética da situação clínica

aspectos de sua personalidade e nenhum ser humano consegue desligar-se inteiramente da cotidianidade; ao mesmo tempo, não vive tão somente nela.

Vivemos no cotidiano e ouvimos de nossos pacientes relatos do cotidiano. Nosso ofício é realizado assentado nessa característica do ser humano.

Precisamos ter claro que, uma vez que o processo clínico se inicia pela formulação da questão originária do paciente, estaremos posicionados como o Outro em sua vida. Isso acarretará que o processo de seu vir a ser acontecerá no consultório e também fora dele, no cotidiano do paciente. Haverá encontros, desencontros, acontecimentos em seu cotidiano que são desdobramentos da maneira como o paciente situa sua questão naquele momento do processo. Surgem acontecimentos na vida do paciente que são sustentados pelo analista posto em comunidade de destino. O cotidiano aparece então como um grande evento em que se encena a busca do paciente por seu devir. Nele encontramos o já vivido, o não acontecido, o mistério, todos colocados sob o domínio de sua criatividade. É aqui que a contribuição de Winnicott sobre espaço potencial e fenômenos transicionais parece-me bastante fértil. Por esse vértice, o cotidiano pode ser visto como um espaço em que ocorrem os acontecimentos necessitados pelo paciente para portar sua singularidade. O cotidiano abordado dessa forma revela-se *poesia*. Há algo que lá se dá e que está para além do acontecido. Seguindo o texto de Pessanha, citado anteriormente, é aí que a teia biográfica se faz. Cabe ao analista assinalar ao paciente o que ele está criando no cotidiano em seu caminho em direção ao porvir. No cotidiano estão os outros, as coisas, o momento histórico, o surpreendente. Nele está o encontro do sensível e do não sensível, do imanente e do transcendente, lugar em que os acontecimentos da vida revelam a visita da eternidade.

6. A HISTORICIDADE

O ser humano acontece na história e *é* história. Na perspectiva clínica de trabalho em *Sobórnost* é fundamental acolhermos a dimensão da historicidade. O analista precisa compreender o paciente, consciente de que ele é a singularização da história de sua família e de sua comunidade. Ele é história encarnada. Não é possível compreender sua questão originária, seu idioma pessoal, sua ontologia e teleologia se ele não é visto em sua historicidade constitutiva. Em *Sobórnost*, a historicidade é questão ética! Abordar um ser humano sem a compreensão de sua historicidade é vê-lo como indivíduo, desenraizado, sem referência às gerações que se presentificam nele. Toda a problemática de uma pessoa emerge em historicidade e precisa ser remetida não só aos acontecimentos de sua biografia, mas também àqueles que a precederam e àqueles que virão, assim como à situação da humanidade. Só nesse vértice poderemos situar sua problemática em registro ontológico.

Com a contribuição de Bion, houve na Psicanálise a ideia de que a sessão deveria ser vista como uma entidade em si, sem referência ao que se passou. Creio que isso é resultado de uma confusão de campos. Concordo com Bion, quando ele diz que o analista deve estar na sessão sem memória nem desejo. Em minha forma de ver, isso é não só uma necessidade epistemológica, mas também ética. Essa recomendação de Bion aos analistas assinala que o profissional deve estar aberto a seu analisando sem reduzi-lo ao já conhecido. Só assim, de fato, o analista estaria em disponibilidade para conhecer e acolher a singularidade do outro. Ao mesmo tempo, a recomendação bioniana prepara o analista para reconhecer o não sensorial, o que ao longo desse trabalho chamo de ontológico. Mas levar essa recomendação a um ponto em que se deixa de reconhecer a historicidade do ser humano é, a meu ver, um grave equívoco!

A ética da situação clínica

O paciente na sessão precisa, *eticamente*, ser compreendido por meio da historicidade de seu ser. Isso não significa que se compreenderá o paciente determinado pelos acontecimentos históricos, não é disso que se trata. Esta seria também uma falha ética! Trata-se de se compreender que o paciente é atravessado por significações que estão para além dele e que atravessam a história, a fim de que o paciente possa eventualmente *mudar* a história! Acontecimento que ocorre quando a criatividade de fato pode emergir.

Da mesma forma, o trabalho em *Sobórnost* demanda que também o processo clínico seja compreendido em sua historicidade. A sessão de hoje insere-se em um processo já re-significado por tudo o que a dupla já viveu, o acontecimento de ontem permite que o gesto de hoje alcance um mais além. O ser humano é devir e o processo clínico é devir. Cada sessão precisa ser vivida e compreendida pelo que já se percorreu, pela história que se desvelou ao longo do processo e pelo que se necessita ainda encontrar: *o absolutamente Outro, no morrer!*

> Cerro. O senhor vê. Contei tudo. Agora estou aqui, quase barranqueiro. Para a velhice vou, com ordem e trabalho. Sei de mim? Cumpro. O Rio de São Francisco – que de tão grande se comparece – parece é um pau grosso, em pé, enorme... Amável o senhor me ouviu, minha ideia confirmou: que o Diabo não existe. Pois não? O senhor é um homem soberano, circunspecto. Amigos somos. Nonada. O diabo não há! É o que eu digo, se for... Existe é homem humano. Travessia (Guimarães Rosa[7], 1956, p. 623-624).

---

7. J. Guimarães Rosa, (1956) *Grande Sertão Veredas*, Rio de Janeiro, Nova Fronteira, 2001.

Referências bibliográficas

ABBAGNAMO, N. *Dicionário de filosofia*. São Paulo, Martins Fontes, 1998, p. 524-525.
ANDRADE, M. *Poesias completas*. Edição crítica de Diléa Zanotto Manfio. Belo Horizonte, Vila Rica, 1993
ARENDT, H. (1958) *A condição humana*. Rio de Janeiro, Forense Universitária, 1997.
BAUDRILLARD, J. *The Precession of Simulacra*. New York, Semiotexte, 1983.
BENJAMIN, W. (1936) "O narrador. Considerações sobre a obra de Nikolai Leskov", *Walter Benjamin: obras escolhidas. Magia e técnica, arte e política*. São Paulo, Brasiliense, 1994.
BERDIAEV, N. *The Problem of Man, 1936.* http://www.berdyaev.com/berdiaev/berd_lib/1936_408.html.
BERDIAEV, N. *Slavery and Freedom*. French, New York, 1944.
BERDIAEV, N. "TIME". In: James M. Edie *(ed.)*. *Russian Philosophy*. Vol. III, Pre-Revolutionary Philosophy and Theology. Philosophers in Exile. Marxists and Communists. University of Tennessee Press, 1976.
BION, W. *Atenção e interpretação*. Rio de Janeiro, Imago, 1973.
BRAGA DA COSTA, F. *Garis – um estudo de psicologia sobre invisibilidade pública*. Dissertação de Mestrado, IPUSP, 2002 (mimeografado).
BULTMANN, R. *Kerygma and Myth*, New York, Harper Torchbooks, 1961.
CORALINA, C. Todas as vidas. *Poemas dos becos de Goiás e estórias mais*. São Paulo, Global, 1985.
DIAS FERREIRA, H. *Meninas-mães de rua. Constituição de sujeitos-extremos*. São Paulo, dissertação de mestrado, PUC-SP, 1997 (mimeografado).
DOSTOIEVSKI, F. Os demônios. *Obra completa*, vol. III. Rio de Janeiro, Nova Aguillar, 1995.
DOSTOIEVSKI, F. *Memórias do subsolo*. São Paulo, Editora 34, 2000.

DOSTOIEVSKI, F. "Cap. 13. Little Pictures". *A Writer's Diary*, vol. 1, 1873-1875. Evanston, Northwestern University Press, Ill.

DOSTOIEVSKI, F. *A Writer Diary. Volume I 1873-1876*. ILL, Evanston, Northwestern University Press.

EPSTEIN, M. *After the Future. The Paradoxes of Postmodernism & Contemporary Russian Culture*. Massachusetts. The University of Massachusetts Press. 1995.

FERENCZI, S. (1932) Confusão de língua entre os adultos e a criança. A linguagem da ternura e da paixão. *Obras completas, Psicanálise IV*. São Paulo, Martins Fontes, p. 97-106.

FLORENSKY, P. *Iconostasis*. Crestwood, New York, St, Vladimir Press, 1996.

FLORENSKY, P. *The Pillar and Ground of the Truth*. New Jersey, Princeton University Press, 1997.

FLORENSKY, P. *Sobranie Sochinenii v Chetyrekh tomakh*. Moscow. Mysl, 1994-1999.

FORTE, B. *À escuta do Outro. Filosofia e revelação*. Paulinas, São Paulo, 2003.

GONÇALVEZ FILHO, J. M. *Passagem para a Vila Joanisa – uma introdução ao problema da humilhação social*. Dissertação de Mestrado, IPUSP, 1995 (mimeografado).

GUIMARÃES ROSA, J. (1956) *Grande sertão veredas*, Rio de Janeiro, Nova Fronteira, 2001.

HEIDEGGER, M. What are Poets for? In: *Poetry, Language, Thought*. New York, Harper & Row, 1971.

HEIDEGGER, M. (1934) Por que ficamos na província? *Revista de Cultura Vozes*. Ano 71, Vol. LXXI, mai. 1977, n. 4

HEIDEGGER, M. *A caminho da linguagem.*, Petrópolis, Vozes, 2003.

HELLER, A. *O cotidiano e a história*. São Paulo, Paz e Terra, 1970.

KAELIN, E. F. *Heidegger's Being and Time. A Reading for Readers*. Tallahassee, The Florida State University Press, 1988.

KHOMIAKOV, A. ; KIRREVSKY, I. *On Spiritual Unity. A Slavophile Reader*. New York Lindisfarne, 1998.

LALANDE, A. *Vocabulário técnico e crítico da filosofia*. São Paulo, Martins Fontes, 1996, p. 1072-1073.

LESKOV, N. (1873) *The Sealed Angel and Other Stories by Nikolay Leskov*. Knoxville, The University Press, 1984.

LÉVINAS, E. (1991) *Entre Nós. Ensaios sobre a alteridade*. Petrópolis, Vozes, 1997.

MARIE GAGNEBIN, J. *História e narração em Walter Benjamin*. São Paulo, Perspectiva, 1999.

MOUNIER, E. *O personalismo.* Lisboa, Morais, 1964.
PESSANHA, J. G. *Ignorância do sempre.* São Paulo, Ateliê, 2000, p. 119.
PESSOA, F. *Obra poética.* Rio de Janeiro, Nova Aguilar, 1998.
POGACAR, A M. "Introduction to a Lyrical Archive: Object and Text in the Suspension of Emotion". *SYMPOSION A Journal of Russian Thought.* Los Angeles, Charles Schlacks Publisher, University of Southern California, vol. 2, 1997, p. 38-52.
PONDÉ, L. F. *Crítica e profecia. A filosofia da religião em Dostoievski.* São Paulo, Editora 34, 2003.
PRADO, A *Poesia reunida.* São Paulo, Siciliano, 1991.
REGINA, U. *L'Uomo Complementare. Potenza e Valore nella Filosofia di Nietzsche.* Brescia, 1988, p. 66. In: FORTE, B. *À escuta do Outro. Filosofia e revelação.* São Paulo, Paulinas, 2003, p. 125.
RILKE, R. M. Letter to V. Von Gulevich, 13 XI 1925. *Letters of Rainer Maria Rilke 1910-1926.* W. W. Norton & Company, 1969.
SAFRA, G. "A Vassoura e o Divã". *Percurso. Revista de psicanálise.* Ano IX, N. 17, 2º semestre de 1996, p. 69-74.
SAFRA, G. *A face estética do self – teoria e clínica.* Unimarco, São Paulo, 1999.
SAFRA, G. "Uma nova modalidade psicopatológica na pós-modernidade: os espectrais". *Psychê. Revista de psicanálise.* Ano IV, n. 6, 2000, p. 45-51.
SAFRA, G. Fundamentos teológicos das teorias psicanalíticas: Freud e o judaísmo". *Ide.* Sociedade Brasileira de Psicanálise, jun. 2001, n. 33, p. 64-73.
SAFRA, G. "Fundamentos teológicos das teorias psicanalíticas: Winnicott e o Cristianismo, Bion e o Hinduísmo". *Revista Ide*, Sociedade Brasileira de Psicanálise, junho 2002, número 35, p. 85-p. 93.
SOLOVYOV, V. *Lectures on Divine Humanity.* Hudson, Lindisfarne Press, 1995.
STEIN, E. *Philosophy of Psychology and Humanities.* Washington, D. C., ICS, 2000.
TOPOROV, V. N. "Space and Text". *Text: Semantics and Structure.* Moscou, T. V. Tsivian, Nauka, 1983.
WEIL, S. (1943). "O enraizamento". In: Bosi, E. (org.) *Simone Weil. A condição operária e outros estudos sobre a opressão.* 2. ed., trad. Therezinha Gomes Garcia Langlada. Rio de Janeiro, Paz e Terra, 1996.
WEIL, S. *Cuadernos.* Madrid, Trotta, 2001.
WINNICOTT, D. W. (1951). "Objetos e fenômenos transicionais". *Textos selecionados, da pediatria à psicanálise.* Trad. Jane Russo. 4. ed. Rio de Janeiro, Francisco Alves, 1993.

WINNICOTT, D. W. (1960). "The Theory ofthe Parent-Infant Relationship". *The Maturacional Process and the Facilitating Environment.* London, Karnac, 1990.

WINNICOTT, D. W. (1963). "Comunicação e falta de comunicação levando ao estudo de certos opostos". *O ambiente e os processos de maturação - estudos sobre a teoria do desenvolvimento emocional.* 3 ed., trad. Irineu Constantino Schich Ortiz. Porto Alegre, Artes Médicas, 1990.

WINNICOTT, D. W. (1971). *Playing and Reality.* London/New York, Tavistock/Routledge, 1992.

YOUNG, M. G. *Nikolai F. Feodorov: and Introduction.* Belmont, Nordland, 1979.

ZIZIOULAS, J. D. *Being as Communion. Studies in Personhood and the Church.* New York, St. Vladimir's Seminary Press, 1997.